자해상담 워크북

청소년 및 대학생을 위한
CBT기반

Lucy Taylor, Mima Simic and Ulrike Schmidt 공저
이동훈 성균관대학교 외상심리건강연구소

Cutting Down

*A CBT Workbook for Treating
Young People Who Self-Harm*

박영
story

Cutting Down: 자해하는 청소년을 치료하기 위한 CBT 활동지

청소년의 1/4은 어떤 형태로든 자해를 하며, 숙련된 치료사도 자해하는 청소년 내담자와 함께 작업하기 어려워 한다. 감정적인 문제를 다루는 데 매우 효과적인 방법인 인지행동 치료법을 기반으로 하는 Cutting Down은 자해하는 청소년을 치료하는 다양한 직업적 배경의 정신건강치료사를 위한 실용적이고 접근 가능한 프로그램을 제공한다.

이 책은 각각 특정 치료 단계를 다루는 네 부분으로 구성되어 있으며 27개의 짧은 모듈로 나뉜다. 14회기의 과정을 통해 전달되도록 고안되었지만, 프로그램은 환자의 구체적인 임상적 필요에 따라 치료사가 특정 모듈의 조합을 선택하고 각 모듈에 드는 시간을 결정하는 방법으로 제공된다. 이 프로그램 전반에 걸쳐, 가상 환자들이 다양한 연습과 전략을 설명하는 데 사용된다.

'1장, 무슨 일이 일어나고 있는가?'는 자해와 CBT를 소개하고 감정, 문제, 목표 및 변화의 개념에 대한 통찰력을 개발하는 것을 목표로 한다.

'2장, 생각, 감정 그리고 행동'은 활동지를 이용하여 우울함이나 부정적인 생각을 파악하여 관리하는 방법에 대해 다룬다.

'3장, 대처 전략'에서는 문제 해결과 자기주장, 마음수용 그리고 자해의 대안에 대한 모듈을 소개한다.

'4장, 시작!'에서는 목표 검토, 촉발 사건 확인 및 '응급 처치 상자' 개발 그리고 프로그램 강화를 위한 '도구 상자'를 작성하여 프로그램을 완성한다.

부록의 활동지는 도서의 실용성을 높인다.

자해로 힘들어하는 청소년과 함께 일하는 임상의를 지원하기 위해 고안된 이 워크북은 상담사, 상담 심리학자, 임상 심리사, CBT 치료사, 심리치료 접근성 개선 프로그램(IAPT, Improved Access to Psychological Therapies) 실무자, 아동청소년정신건강 서비스(CAMHS, Child and Adolescent Mental Health Services) 정신 건강 요원 및 간호사뿐 아니라 학생 및 수련생에게도 유용하다.

역자 서문

    이 책을 번역하는 데 함께 해준 성균관대학교 외상심리건강연구소의 강은진, 이신혜, 강민수, 서현정 연구원에게 감사드린다. 또한 교정을 함께 해준 김영두, 정하영, 김예원 연구원에게도 감사드린다. 본 책은 총 4개의 장, 14회기 내용으로 구성되어 있다. 자해란 무엇인지?, 감정, 사고, 행동이 어떻게 역할을 하는 것인지?, 대처전략수립을 위해 어떻게 해야 하는지의 내용으로 구성되어 있다. 최근에 청소년의 자해문제가 갈수록 심각한 사회적 문제가 되어가고 있는 상황에서 상담자가 청소년 내담자를 돕는 데 조금이나마 방향이 되길 바란다.

2018년 12월
이동훈

저자 서문

지침서 작성에 기여한 모든 직원과 내담자들에게 감사드립니다. Kate Davidson 교수님, Clair Richards 교수님, Anna Oldershaw 교수님의 지침 정보 제공과 노고에 감사드립니다. 활동지와 그림을 함께 편찬하고 원고에 대한 의견과 기술적인 도움을 준 Rosalind Payne과 Lisa Goodwin 심리학자 조교들에게 감사의 말을 전합니다.

또한 이 책에서 언급하는 전문가들, 특히 Marsha Linehan에게 감사를 표하고 싶습니다. 개념을 설명하고 그들의 독창성을 이 책에 더하기 위해 열심히 작업한 청소년 내담자들에게 특별히 감사를 전하고 싶습니다.

Lucy MW. Taylor
London 2013

차례

제3장 대처 전략

제4장 시 작!

프로그램 소개

프로그램 대상 및 사용 방법

이 책은 정신 건강 치료사가 자해하는 청소년 내담자들과 함께 작업하도록 고안되었다. 이 자료는 일대일 사용을 위해 작성되었지만, 기술이 자해의 전형적인 유지 관리 요소에 일반적이므로 집단 환경에서 사용할 수도 있다. 이 치료 프로그램 목적상 자해는 '자신의 신체에 고의적인 상처를 입히는 것'으로 정의된다. 통계 자료에 따르면, 모든 청소년의 1/4가량이 매년 자해 행동을 하고 있고, 시간이 지남에 따라 자해 행동이 증가하고 있다. 최근 Young Minds가 수행한 연구에 따르면, 자해에 따른 입원은 지난 10년간 68% 증가했다. 자해하는 청소년 내담자들을 위한 효과적인 치료의 필요성은 분명하다. 근거기반전략, 특히 인지행동 치료(CBT)를 사용하며 유연한 사례 중심모델을 기반으로 한다. 이 책의 평가 및 치료 기술은 자해를 하지만 성격장애진단 기준에 충족되지 않고, 정기적으로 자살을 느끼지 않는 청소년 내담자들에게 효과적이다. 특히 우울증 또는 불안 증세를 가진 청년과 청소년에게 적합하다. CBT 접근방법을 가지고 자해에 대한 요인을 다루는 데 중점을 둔다. 변증법적 행동치료(DBT)에서 사용되는 전략과 유사한 '수용전략'이 있지만, 이 책의 주된 목적은 청소년 내담자가 문제를 해결하는 데 도움이 되는 요소를 이해하고 감정적인 어려움을 처리할 수 있도록 적응력 있는 기술을 가르치는 것이다. 청소년 내담자들이 가장 일반적으로 행하는 자해 방법이 약물 과다복용과 (신체 일부를) 긋는 것이라고 알고 있다. 하지만 이 프로그램은 모든 종류의 자해 행동을 치료하도록 고안되었다. 이 매뉴얼을 사용한 치료사와 청소년 내담자들의 피드백은 긍정적이었다. 치료사들은 회기별 구조를 좋아하고, 특히 책이 유용하다고 보고해 왔다. 왜냐하면, 이러한 것들이 전통적으로 자해와 관련된 문제 대부분을 해결하기 때문이다. 예를 들어, 불안, 분노, 우유부단, 문제 해결과 어려움 등을 포함하는 여러 가지 요인들로 구성되는 것이다. 다른 말로 하면, 개인 처방과 맞춤식 치료에 잘 적응할 수 있도록 진단을 초월하는 감(trans－diagnostic flavour)을 가지고 있다. 청소년 내담자들은 가상 내담자의 아이디어를 좋아한다고 보고했다. 그들은 공통된 일부 이슈와 관련이 있을 수 있고, 같은 생각을 하는 청소년 내담자들이 회기에서 자신의 문제를 제기하고 특정 치료 전략을 설명하는 과정을 관찰하는 것이 유용하다는 것을 알게 되었다.

Cutting Down 프로그램 개발을 위한 필수요소는 자해 관련 심리적 유지 요인 검토와 자해치료에 대한 근거 자료의 포괄적인 검토를 통해 확인되었다. 우울과 불안은 자해와 관련된 일반적인 동반요소로 나타났으므로 이러한 상태를 위한 적절한 치료법이 프로그램에 통합되었다.

이 책은 네 장으로 구성된다. 각 장은 치료의 특정 단계를 다루고 있으며, 이 장은 다시 특정 개입이나 기술을 다루는 여러 모듈로 나뉜다. 이 프로그램은 14회기로 전달되도록 고안되었다. 하지만 치료사는 청소년 내담자와 함께 특정 모듈조합을 선택하거나 각 모듈에 든 시간을 결정할 것이라고 예상한다. 이것은 청소년 내담자의 특별한 임상적 필요성에 근거할 것이다. 게다가 한 권 분량의 활동지가 책 마지막 부분의 별도 장에 포함되어 있다. 이 자료는 특정 회기나 회기 간의 과제를 위한 작업 자료로 사용할 수 있다. 활동지는 책과 함께 사용하도록 설계되었다. 모듈은 특정 순서로 제공된다. 하지만 도서의 '대처 전략' 부분에 있는 모듈 순서는 청소년 내담자의 특별한 필요에 따라 더 유연해질 수 있다. 독자는 청소년 내담자와 치료를 시작하기 전에 책 전체를 살펴보는 것이 좋다. 이것은 치료사가 치료의 시작 또는 초기에 대처 전략을 제공하는 것이 유용한지에 대한 여부를 결정하고, 청소년 내담자의 동기를 부여하고 자해를 신속하고 안전하게 관리하는 데 도움이 될 수 있다.

청소년 내담자가 회기 사이에 완성할 수 있는 과제가 있다.

초기 모듈은 심리교육과 자해 행동에 대한 포괄적인 인지행동평가에 중점을 둔다. 자해 감소/포기에 대한 동기 수준은 'Rollnick과 Millers' 작업을 개정한 간단한 '동기부여측정(motivational rulers)'을 사용하여 평가된다. 동기부여가 낮은 것으로 평가되면, 청소년들은 자해 및 관련 문제 행동의 '비용'과 '이익'을 평가하고 자신의 삶에서 자해의 효과성에 대한 현재의 신념에 도전해야 한다.

이 프로그램은 그들 자신의 이야기와 함께 '가상 환자'를 소개한다(Jessica, Cassie, Mark, Katy). 이 인물들은 자해로 이끄는 특정한 문제에 어떻게 대처했는지 보여주기 위한 예시로 사용된다.

치료 중에 고려해야 할 전반적인 이슈

책에서 '감정(Feeling)'과 '정서(Emotion)'라는 용어는 같은 의미로서, 서로 바꾸어 쓸 수 있다 (기술적으로, 정서(Emotion)). 청소년 내담자들은 주로 '감정(Feeling)'이라는 용어를 선호한다고 보고했다. 하지만 임상경험에 따르면 사람들은 생각과 감정을 쉽게 혼합할 수 있다는 점을 명심해야 한다. CBT에서는 사고와 느낌의 차이를 잘 이해하는 것이 매우 중요하기 때문에 책 전체에 걸친 전문용어와 각 청소년의 생각과 느낌에 대한 이해를 고려하는 것이 추천된다. 전반적인 치료의 주요 관점은 청소년 내담자가 매일 감정과 생각을 구별할 수 있도록 돕는 것이다.

치료 동맹

치료 중인 청소년 내담자들과의 논의에서, 우리는 치료 동맹을 형성하는 것이 특히 어려운 일이라는 것을 알고 있다.

신뢰

치료자를 신뢰하게 만드는 것은 청소년 내담자에게는 매우 번거로운 일일 수 있다. 치료자로서, 당신은 누군가에게 당신을 신뢰하도록 강요할 수 없다. 그러나 신뢰를 구축하는 과정을 돕기 위해 할 수 있는 일이 있다.

- 일부 정보를 다른 사람과 공유해야 하는 경우에는 기밀 유지와 심각한 위기상황에 대해 내담자에게 항상 숨김없이 말해야 한다. 이 중 어떤 경우에 있어서, 정보 공유는 먼저 청소년 내담

자와 논의될 것이고, 그들은 공유된 것 그리고 누가 미리 알게 될 것이라고 설명해야 한다.

- 회기 초반에 신뢰의 문제를 소개한다. 청소년 내담자와 신뢰에 대해 공개적으로 대화하고 신뢰가 어려울 수 있음을 보여 주며 신뢰를 달성하기 위해 시간을 가지는 것을 보여 준다. 당신은 CBT의 협력적인 성격에 관해 이야기하면서 이 문제를 해결할 수 있다. 신뢰는 양방향으로 작동한다는 것을 설명해라. 그리고 치료 기간 동안 당신은 서로 신뢰를 형성하기 위하여 노력할 필요가 있을 것이다. 청소년 내담자가 치료 기간 동안에 신뢰가 문제라고 느낄 때마다, 그들은 이 문제에 대해 공개하여야 한다는 것을 분명히 해라.

관계 형성하기

청소년 내담자들은 때때로 그들의 치료자와 연결되어 있지 않다고 느낄 수 있다. 이것은 그들이 치료사가 자신이 느끼는 방식을 확실히 이해하지 못한다고 느끼게 할 수 있다. 당신은 치료자로서 당신이 다른 사람들보다 청소년 내담자들과 훨씬 잘 어울릴 방법을 찾아야 할 것이다.

치료 과정에서 가능한 적극적으로 청소년 내담자를 참여시키려 노력하는 것은 좋은 관계를 형성하는 데 도움이 된다. 또한, 그들에게 정기적으로 반응하고, 그들이 말하는 것에 귀 기울여 주며 과정의 마지막 단계에서 그들의 피드백을 얻음으로써 그들이 자신의 의견이 잘 전해지고 있다고 믿게 할 수 있다. 가능한 많은 피드백을 받고 적극적으로 대응했음을 보여 주어라.

치료과정 동안 기본적으로 명심해야 할 사항

- 매회기를 시작할 때마다 의제를 정해라. 이 책은 꽤 규범적이고 회기 동안 다뤄야 할 상세한 주제들이 있지만, 각 회기에 어떤 문제를 다루고 싶은지 청소년 내담자에게 의견을 구하는 것 또한 매우 중요하다. 만약 청소년 내담자가 어떤 문제에 사로잡혀 있다면, 그들은 회기 동안 잘 참여하려 하지 않을 것이다. 공동의 의제에 동의하는 습관을 만들기 위해 노력하라. 이것은 전 주 과제를 검토하는 것, 지난번 회기를 연결하는 것(이전에 다룬 모든 내용을 이해하고, 기억하고 있는 것들을 확인하라.), 회기 동안의 당신의 계획, 청소년 내담자가 가져오는 의제 목록을 위한 시간 등을 포함한다. 한 주 동안 새로운 주제에 대해 시간을 할애할 수 있도록 의제 목록에 쓰는 시간 설정은 매우 중요하다. 안건을 정하는 동안, 각각의 주제에 시간을 얼마나 소비할 것인지 청소년 내담자와 협의해라. 시간을 정하는 방법에는 5분 동안 안건 설정하기, 5분 동안 지난 회기 연결하기, 10분~15분 동안 청소년 내담자의 주제 다루기(청소년 내담자가 특별한 주제를 가지고 있지 않으면 불필요), 25분~30분 동안 회기의 구체적인 주제에 대해 다루기 그리고 10분 동안의 피드백과 과제 정하기가 있다. 과제 정하기 일부는 회기 과정에서 일어날 수 있다. 그러나 어떤 과제를 할 것인지에 대해 계획을 세우는 것은 회기의 마무리 과정에서 다루는 것이 청소년 내담자들에게 유용하다.

- 이 책의 각각의 접근방식은 엄격하지 않다. 시간은 변경 가능하고, 항상 치료적인 판단이 우선적으로 고려된다. 특히 회기를 구조화할 때, 시간을 내어 즉각적인 위험 문제들을 논의하고 평가하는 것이 매우 중요하다는 것을 기억해야 하다. 마찬가지로 내담자가 이야기하고자 하는 위

기사항을 회기에 가져 오는 경우, 책 내용에서 벗어나 시간을 할애하는 것이 적절할 수 있다. 하지만 가능한 한 당신이 하고 있는 일과 연결시키고, 아이디어를 강화하거나 미래의 대처 능력 및 문제 해결 기술을 소개하는 예로서 그들의 위기를 그리려고 노력하라.

공식화

이 책은 시작부터 공식화 작업을 강조한다. 심리적 공식화는 공유된 이야기나 평가 및 치료 과정 전반에 걸쳐 구축된 이야기로서, 청소년의 삶의 경험에 기인한 다섯 가지 개인적인 의미를 그린다. 유용한 공식화를 만들 때, CBT 치료사의 임무는 심리적인 이론/원리/증거를 개인적인 생각, 감정 및 의미와 결합하는 임상 기술을 사용하는 것이다. 이는 앞으로 가장 유용한 방법으로 제시된 공유된 이야기를 개발하기 위해 '지속적인 협업 과정'을 통해 이루어진다. 이 책의 치료 모델이 Beck의 인지 모델에 기반을 두고 있지만, 또한 청소년 내담자의 경험에 대해 '그럴듯한 설명'을 하는 데 목적을 둔 Gillian Butler의 작업에도 영향을 받았다. 청소년 내담자들 문제의 속성 때문에, 이 책은 CBT에서 진단을 통한 접근을 한다. 다른 말로, 무질서한 상황에서 흔히 쓰이는 인지적이고 행동적인 과정을 목표로 하는 CBT의 형태이다.

가능한 한 빨리 당신의 공식화를 개발할 수 있는 작업을 시작해라. 치료자로서, 내담자를 측정하는 동안 그리고 치료과정까지 계속 작업하기 위해서, 당신이 기억하는 중요한 정보들을 적는 것은 매우 중요하다. 자신의 아이디어를 적기 위해, 책의 뒷부분에 할당된 협력적인 공식화 단원에 앞서 2장의 '활동지 33: 나의 여정'을 사용하여 책의 뒷부분에 할당된 협력적인 공식화 단원에 아이디어를 적어 보아라. 청소년 내담자와 공식화를 나누기 시작하는 것이 치료적으로 적절하다고 느끼는 시간을 발견하게 될 것이다. 하지만 유용한 지침서로서 활동지를 이용하는 시간을 보내라.

회기 종료의 피드백

모든 회기가 끝날 때, 청소년 내담자들에게 치료 과정에서 유용했거나 덜 유용했던 작업에 대한 피드백을 받아라. 청소년 내담자들의 배우는 방식이 다양하다는 것을 알게 되면 그들에게 어떤 것이 유용한지 알고 다음 과정을 준비하는 데 도움을 줄 것이다. 청소년 내담자들에게 어떤 것이 특히 힘드냐고 물을 때, '더 유용하거나, 너를 힘들게 만들거나, 잘못된 방법은 없었니? 오늘 좋은 것을 발견하지 못했니?' 또는 '어려움에 대해 나에게 이야기하는 것이 쉽지 않았니? 내가 좀 더 쉽게 할 수 있게 해 줄 수 있는 것이 있니?' 등을 말할 것이다. 그들이 유용하다고 판단한 것을 물을 방법은 다음을 포함한다. '오늘의 과정에서 유용한 것은 무엇이었니? 오늘 과정에서 무엇을 제외하고 싶니?'

치료 종결

4장에서는 치료를 마무리하는 방법에 대한 방법과 전략이 제시되어 있다. 그러나 종결을 위한 계획은 치료의 시작부터 시작해야 한다. 일부 청소년 내담자들은 그들의 치료사들과 신뢰할 수 있는 관계를 빠르게 형성하고, 과거에 애착을 가지고 고심했을 것이다. 이뿐만 아니라, 자해 및 다른 행동들이 청소년 내담자에게 강력한 의사소통의 기능을 해왔을 수도 있으며 그들이 이 관계를 끝낼 때,

특히 스트레스를 받을 수 있다. 일부 내담자들은 그러한 상황을 관리하기 위한 기본 메커니즘으로 자해하는 것에 익숙해져 있을 수도 있다. 청소년 내담자의 자해 행동이 지닌 기능을 완전히 이해하는 것이 중요하다. 그래서 당신은 이러한 행동을 강화할 수 있는 다른 사람들의 행동과 반응을 알고 있어야 한다. 자해 행동에 대한 적절한 공식화와 기능적 분석이 중요하다. 특정 행동과 관심 사항에 대한 당신의 반응에 주의를 기울여라. 처음부터 치료의 범위에 대해 분명하게 하고, 당신의 비밀 보장의 범위에 대한 경계와 부모나 보호자에게 공유해야 할 문제에 대해 명확하게 밝혀라(청소년 내담자의 동의를 얻거나 공동으로 작업하는 것이 가장 이상적이다). 예정된 회기 구조를 계속 유지하고, 적절한 시간과 위기평가 및 위기관리에 대한 균형을 유지하는 것이 중요하다. 이것은 치료의 마지막에 더 많은 문제가 될 수 있다.

측정 효과

이 책의 저자들은 지역사회 아동청소년정신건강 서비스(CAMHS, Child and Adolescent Mental Health Services) 현장에서 지침서 형태로 이 책을 사용하여 8~12회기 실험 연구를 한 결과 내담자의 자해 행동, 우울증 증상 및 특정 불안이 현저히 감소했다고 보고했다. 치료사들은 회기 수가 너무 짧다고 생각했지만, 긍정적인 결과로 매뉴얼이 추가로 개발하였고 이 책이 발간되었다. CBT 작업의 명백한 장점은 변화를 객관적이고 일관적으로 측정한다는 것이다. 치료사가 변화를 측정하기 위해 사용할 수 있는 몇 가지 가능한 선택 사항이 있다. 아동의 심리치료 접근성 개선 프로그램(IAPT, Improved Access to Psychological Therapies)은 일련의 측정 도구들을 발표하고 회기별 결과가 내담자에게 매우 도움이 될 수 있다는 증거를 제공했다. 이것은 청소년 내담자들이 실제로 변화가 일어나고 있다는 것을 알 수 있게 하고, 변화가 명백하지 않다면 치료사에게 알려 줄 수도 있다. IAPT에서 사용되는 측정법의 예로는 아동 불안 및 우울척도 개정판(RCADS), 강점·난점 설문지 그리고 결과평점척도(ORS)가 있다. RCADS는 하위 항목이 포함된 47개 항목의 청소년 자기－보고 설문지이다(분리불안장애(SAD), 사회 공포증(SP), 범불안장애(GAD), 공황 장애(PD), 강박 장애(OCD) 및 주요 우울 장애(MDD)). 또한 전체 불안 척도(불안 하위척도 5개의 합)와 전체 내재화 척도(하위척도 6개의 합)를 산출한다.

문항은 0점에서 3점까지 4점 리커트 척도로 평가된다. 아동의 심리치료 접근성 개선 프로그램(IAPT)은 회기마다 상담 평가를 하는데 그 예로는 목표추적이 있다. 그것은 치료자와 젊은이가 목표 검토를 이용하여 회기마다 합의된 목표로 나아가는 과정을 확인하고 전반적인 안녕감과 증상 추적을 위해 결과평점척도(ORS)를 이용하는 것이다.

어떤 측정 방법을 사용하던지 치료의 시작, 중간(2장의 마지막) 그리고 마지막 회기에서 실시되어야 한다.

자해 일지

요일 \ 자해 충동	행동/얼마나 많은 사건들이 있었는가?	무엇을 하였는가?
월요일		
화요일		
수요일		
목요일		
금요일		
토요일		
일요일		

감정과 욕구 평가 척도: 0= 전혀, 1= 매우 조금, 2= 조금, 3= 다소 강한, 4= 강한, 5= 매우강한

　　또한 이 책의 궁극적인 목표는 자해 행동의 감소 및 중단이기 때문에 자해의 빈도와 심각성을 측정하는 것도 유용하다. 한 가지 제안은 일기 또는 자해 일지를 사용하는 것이다. 자해 일지는 DBT 일기카드(13)에서 발췌한 것으로, 청소년 내담자와 치료사는 매주 자해 충동과 구체적인 자해 행동을 통해 매주 자신의 행동 범위를 관찰할 수 있게 한다.

　　2회기에서 모듈 3은 청소년 내담자의 문제와 목표를 나타낸다. 그들은 주관적인 고통단위(SUDS)의 관점에서 그들의 문제를 평가하도록 요청받는다. 이 점수(10점 만점)는 2장 끝부분과 치료 프로그램이 끝날 때 재검토된다. 좋은 CBT는 정기적인 감독이 필요하다. 이 책은 CBT에 대해 잘 알고 있고 CBT의 감독을 받을 수 있는 치료사를 위해 마련되었다.

제1장

무슨 일이 일어나고 있는가?

치료의 첫 번째 단계에는 일반적으로 3개의 회기에서 실행할 수 있는 7개의 모듈(각 회기마다 2~3개의 모듈)이 있다.

1장의 목표

1회기
- 청소년 내담자에게 자해 교육하기(모듈 1)
- 자해의 기능과 자해 행동의 연대표에 대해 이해하기(모듈 2)

2회기
- 구체적인 문제와 치료의 목표 확인하기(모듈 3)
- CBT(인지행동치료)를 소개하고, 이 모형이 자해 문제를 해결하는 데 얼마나 유용한 지 생각하기(모듈 4)
- 청소년 내담자가 자신의 감정을 알아차리고 이해할 수 있도록 하기(모듈 5)

3회기
- 청소년 내담자의 인생에 자해가 어떻게 적용되는지 이해하기(모듈 6)
- 청소년 내담자가 변화할 수 있도록 동기 부여하기(모듈 7)

1회기

이번 회기는 심리교육과 평가를 모두 다룰 것이며, 두 모듈('모듈 1: 자해란 무엇인가?', '모듈 2: 자해의 기능')로 나뉘어져 있다.

> **1회기: 상담자를 위한 참고 자료**
>
> • 자해란 무엇인가?
> • 자해의 기능
> • 사람들이 자해를 하는 이유
> • 자해의 연대표

—— 모듈 1: 자해란 무엇인가?

목표

이 모듈에서는 자해에 대한 심리교육에 초점을 맞추어 청소년 내담자에게 자해하는 다른 이들이 있다는 사실과 자해라는 주제가 상당히 잘 연구되어 오고 있다는 점을 일깨워 주고자 한다. 이번 회기 동안 상담자는 중요한 연구들로부터 얻은 적절한 자료의 요약된 내용을 청소년 내담자와 공유할 것이다. 심리교육은 청소년 내담자가 느끼는 소외감과 차별을 경감시키고 행동의 기제와 기능을 이해할 수 있도록 돕는 것을 목표로 한다.

의제

첫 번째 회기이기 때문에, 아마도 청소년 내담자는 어떤 일이 다가올지 알지 못할 것이다. 당신이 각 회기마다 의제를 준비할 것이며 언제나 다음 사항이 포함될 것임을 설명하라.

1. 지난 회기와 연결
2. 과제 검토
3. 청소년 내담자가 가져오는 사안(이에 관한 이전 기록을 참조하라.)
4. 회기의 핵심 주제

5. 과제 계획

6. 피드백

회기의 핵심 주제

오늘 당신은 자해에 대해 전반적으로 토론하게 될 것이다. 청소년 내담자와 함께 다음 사안을 토론하고 특정한 사안이 그들의 자해 경험에 어떻게 관련되어 있는지 생각해 보아라.

❶ 자해는 '자신의 신체에 고의적인 상처를 입히는 것'으로 정의되어 왔다. 즉, 한 사람이 사기자신의 몸을 다치게 하거나 손상할 의도를 갖고 해하는 행동이다. 사람들이 이러한 행동을 하는 이유는 각기 다르다.

❷ 자해는 대개 정신적 스트레스의 표현이다. 그 사람은 죽고 싶어서 자해를 하는 것일 수도 있고, 죽음을 원하는 것이 아닐 수도 있다.

❸ 자해는 많은 형태를 취할 수 있지만 가장 흔한 방법으로 자기 절단과 약물 복용량 초과로 인한 자기 음독이 있다. 다른 방법들은 다음을 포함한다.
- 화상 입히기
- 할퀴기
- 때리기
- 머리 잡아당기기
- 이미 난 상처가 낫지 못하게 하기

❹ 누구든지 자해를 할 수 있고, 사람들이 생각하는 것 이상으로, 특히 영국의 젊은이들 사이에서 자해는 흔하다.

❺ 사람들은 자해와 관련하여 각자 다르게 느끼지만 자해를 하는 많은 사람은 우울, 외로움, 소외감 그리고 아무도 이해해 주지 않는다는 감정을 공통적으로 느낀다. 또 다른 흔한 주제는 그들의 삶에서 중요한 사람들과의 관계에 관한 문제에 의해 절망적이라고 느끼거나 압도되고, 이러한 상황에서 빠져나갈 길이 없다고 생각하는 것이다. 그 외 다른 사람들은 분노와 혼란스러움을 느낀다.

❻ 일부 사람들은 자해 행동을 하는 동안에 멍해지는 느낌, 안도감, 육체적인 감각으로 정신이 산만해지는 느낌이나 단지 '살아있는 느낌'을 느낄 수 있다고 보고했다.

❼ 사람들은 자해를 한 이후에, 사고와 감정이 뒤섞이는 것을 경험할지도 모른다. 일부는 극단적으로 뒤흔들린 느낌이나 피곤한 감정을 느낄 수도 있다. 다른 사람들은 아무것도 느낄 수 없거나 어느 정도 쾌락 또는 안도감을 느낄 수도 있다. 일부 사람들은 짧은 시간 동안 행복감을 느낀다고 이야기했다. 어떤 사람들은 수치심 또는 죄책감을 느낀다. 그리고 또 다른 사람들은 이에 대해 아예 생각하거나 말하고 싶지 않다고 보고했다.

━━ 모듈 2: 자해의 기능

목표

이 모듈은 자해에 대한 심리교육을 계속하면서, 청소년 내담자에게 자해가 역할하는 특정 기능을 이끌어내기 시작한다.

청소년들이 자해를 하는 이유로서 제시한 목록의 일부를 논의하면서 작업을 시작하라. 청소년 내담자에게 자신과 관련이 있는 이유가 무엇인지 그리고 그들만의 다른 이유가 있는지를 물어보고 다른 이유가 있다면 목록에 추가하라.

사람들이 자해를 하는 이유

- 자해는 긴장감을 줄일 수 있다.
- 자해는 절망감에 의해서 촉발될 수 있다. 당신이 더 열심히 노력하면 할수록 더욱 어려워지는 느낌('내려가는 에스컬레이터를 올라가는 것'처럼).
- 자해는 뭔가를 실제로 느낄 수 있는 방법일 수도 있다(그 감정이 고통이라 할지라도).
- 자해는 생각이나 감정에서 벗어나 안도감을 줄 수 있다.
- 자해는 죽기를 원해서 하는 것일 수도 있다.
- 자해는 갑작스러운 기분변화에 대한 반응일 수 있다. 당신의 기분이 갑자기 바뀌고 당신이 느끼는 감정이 당신이 느끼길 원하는 감정과 멀어질 때, 해할 수도 있다.
- 자해는 삶에 대한 통제력을 얻기 위한 방법일 수도 있다('제어가 안 되는 기차에서 비상 브레이크를 당기는 것'처럼).
- 자해는 분노의 표현일 수 있다.
- 자해는 상처를 받거나 학대를 당한 후에 갖게 된 어려운 감정을 다루기 위한 방법일 수 있다.
- 자해는 신체의 매력을 감소시키거나 자신의 몸에 대한 더 강한 소유감을 느낄 수 있는 방법일 수 있다.
- 자해는 자기 자신 또는 다른 사람을 처벌하는 방법일 수 있다.
- 자해는 죄책감의 표현일 수 있다.
- 자해는 정화하는 행동일 수 있다('더러운 피를 제거하는 것'처럼).
- 자해는 정서적 그리고 심리적 고통에 대처하는 것을 도울 수 있다.
- 자해는 진정효과를 줄 수 있다. 일부 청소년은 자신의 피를 보거나 자신의 상처를 돌봄으로써 감정을 누그러뜨린다.
- 자해는 때때로 강한 주장을 하거나 다른 사람들로부터 반응을 이끌어내기 위해 실행될 수 있다. 요구사항과 감정을 전달할 수 있다.

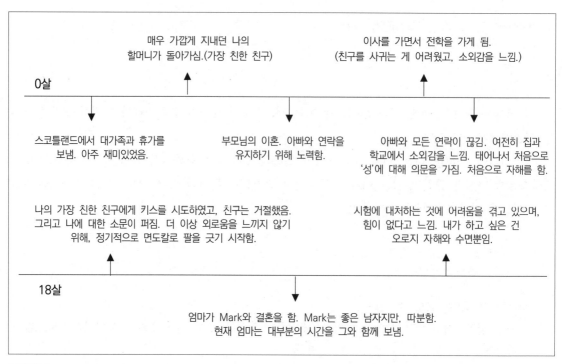

그림 1 자해의 연대표: Jessica

논의 이후에는 청소년 내담자가 자해에 빠져있는 몇 가지 이유에 대한 어느 정도의 단서를 가져야 한다. 다음 단계는 자해가 시작된 시기가 언제인지, 그 계기는 무엇인지 그리고 발생 빈도는 어느 정도인지 이해하는 것이다. 이 정보는 자해의 특정한 사건에 대한 상세한 기능적 분석을 실행하기 전에 수집된다. 기능적 분석은 청소년 시기 동안의 문제가 무엇인지 파악하고 문제 해결에 필요한 정보를 수집하는 데 중요하다. 이러한 정보는 가장 효과적인 치료 계획을 선별하고, 당신이 이 청소년을 치료에 사용할 모듈을 결합하는 데 사용된다. 당신은 청소년 내담자가 왜 자해를 대처 전략으로서 사용하는지 그리고 자해가 그들에게 어떤 역할을 하는지 파악해야 한다.

활동: 자해의 연대표

'활동지 2: 자해의 연대표'를 내담자에게 나눠 주고, 이 활동의 목표는 청소년 내담자의 삶에 어떻게 자해가 자리 잡게 되어 왔는지, 얼마나 오래 지속되고 있는지 생각해 보는 것이라고 설명하라. 이 활동을 할 때는 내담자의 자해 내력, 심각성 및 빈도에 중점을 두어야 한다. 활동에 앞서, Jessica의 예시(그림 1)에 대해 토론하라.

- 청소년 내담자는 자해가 발생한 장소와 자해를 하는 이유를 기억하는 데 도움이 되는 몇 가지 '참조점'을 찾아야 한다. 예를 들어, 생일, 특별한 행사, 학교에서의 변화 등과 같은 핵심적인 사건들이 있다. 그런 다음, 연대표 주위에 화살표를 이용해 이 참조점을 자유롭게 써 넣거나 그려 넣어라.

- 다음으로 일련의 질문을 통해 이 연대표에 다른 사건들을 추가한다. '당신의 가장 초기 기억은 무엇입니까?', '머리에 떠오르는 큰 사건 중 아무거나 묘사하십시오.', '당신의 가장 행복했던/가 장 슬펐던/가장 신났던 기억은 무엇입니까?' 등.
- 그런 다음, 다른 색 펜으로 자해 사건들을 추가한다. 다시 한번, 질문을 통하여 내담자가 자해 한 기록을 작성하도록 유도한다. '당신이 자해를 언제 시작했는지 기억합니까?', '당신의 최악 의 시간/다른 사람들에 대해 가장 걱정하는 시간/당신 스스로를 가장 걱정하는 시간은 언제 입니까?' 등.
- 그런 다음 토론을 통해 자해 사건들의 연대순을 확인한다. '시간이 지남에 따라 자해가 변해 왔습니까?', '자해의 습관이 생겼습니까?', '지금은 다른 것들을 하나요?' 등.
- 연대표가 완성됨에 따라, 그들이 자해를 했던 다양한 사건/시간을 중심으로 어떠한 특정한 사 건들이 발생했는지, 청소년 내담자와 함께 탐색하기 시작해라. 이 자료는 형식화에 사용될 것 이고, 자해에 취약하게 만드는 요인, 자해를 촉발시키는 요인, 이를 지속하게 하는 요인에 대 한 단서를 드러내 줄 것이다.

활동: 기능적 분석

다음 활동은 특정 자해 사건에 대한 기능적 분석을 포함한다. 그것은 청소년 내담자가 작성했던 연대표의 사건 중 하나이거나 청소년 내담자가 새롭게 떠올린 또 다른 사건일 수 있다. 내담자에게 자해의 기능적 분석에는 자해 사건의 발생 전, 발생 중 그리고 발생 후의 특정 요인(사건, 감정, 사 고)을 식별하는 것이 포함됨을 설명한다.

- '가상 내담자' 중 하나인 Cassie가 자해하기 이전, 도중, 이후에 무엇을 느꼈는지 다음의 예시를 통해 살펴 보아라. 그런 후에 청소년 내담자 자신의 자해 사건들 중 하나에 대해 논의해라.

Cassie는 왜 자해하였는가?
자해하기 전 Cassie가 무엇을 느꼈는가?

무슨 일이 있었는가?
내 침실에서 나의 다리 윗부분을 면도칼로 그었다.

무엇 때문에 그렇게 하였는가?
친구가 우리 집에 와서 숙제를 도와줄 것이라고 말했다. 하지만 친구는 오지 않았고 친구에게 전화를 걸어 이에 대해 이야기했을 때 친구는 심지어 미안해 하지도 않았다. 나는 친구가 나를 좋아하지 않 는다고 확신했다.

자해하기 전에 무엇을 느꼈는가?

친구가 오지 않아 걱정하고 있던 상황이었기 때문에 친구와 통화 후 몹시 상처받았다. 화가 났고, 외톨이라고 느꼈다.

그 당시에 중요한 것들은 무엇인가?(사건, 생각, 기억, 피로, 목소리 등)

아빠, 친구들, 엄마 등 모든 사람들이 나를 항상 실망시키는지에 대해 생각했다.

혹시 그런 일들에 어떤 배경이 있었나?(현재 또는 과거로부터의 영향)

나는 자해할 때 '진짜'를 실감할 수 있다. 나는 중요하다.

자해하는 것에 대해서 오랫동안 생각했었는가, 혹은 순간의 충동으로 인한 것인가? 아니면 둘 다였나?

나는 내가 자해를 원한다는 것을 알았지만, 여동생을 돌보고 있었기 때문에 바로 자해를 할 수 없었다. 자해를 생각하는 것은 내 기분을 좋게 했다.

보통 이러한 방식으로 자해하는가? 아니라면, 어떤 방식으로 자해하는가?

대부분의 경우 나는 혼자가 될 때까지 기다린다. 그것은 어려운 일이다.

자해 후, Cassie는 무엇을 느꼈는가?

자해 직후에 무엇을 느꼈는가?

기분이 좋았다. 모든 긴장으로부터 편해지는 것을 느꼈다.

조금 더 나중에는 무엇을 느꼈는가?

그 좋은 감정은 그리 오래 가지 않았다. 내가 친구들에 분노한 것에 대해서 죄책감을 느꼈고, 내가 한 일에 대해서 엄마가 알아차리는 것이 매우 걱정되었다.

지금은 자해에 대해서 어떻게 느끼는가?

내가 자해를 한 것이 매우 이기적이었다고 생각한다. 엄마가 왜 그랬냐고 물었을 때, 나는 매우 부끄러웠다. 나는 내가 엄마를 실망시켰음을 알았다.

자해가 당신에게 어떻게 도움을 준다고 생각하는가?

자해는 나를 강하게 만들고, 잠시 동안 나쁜 감정을 사라지게 한다. 그리고 그것은 내가 누구이고, 내가 중요하다는 것을 알려 준다.

자해가 도움이 되지 않는 부분은 무엇이라고 생각하는가?

엄마가 알았을 때, 엄마는 자신을 비난했고, 엄청나게 화를 냈으며 그러한 것들은 나를 죽일 것 같았다. 나는 결국 내 자신을 더욱 증오하게 되었고, 그것은 나를 더욱 힘들게 만들었다.

당신이 다르게 행동할 수 있었을 부분이 있는가?
나는 어느 것도 떠올릴 수 없다. 나는 쓸모없다.

보통 이러한 방식으로 자해를 하는가? 아니라면, 어떤 방식으로 자해하는가?
대부분 그렇다. 그러나 때때로 나는 내 팔이나 배를 긋는다. 때마다 다르다.

지금은 어떻게 느끼는가?
정말로 그냥 끔찍하다! 나는 멍청하고 이기적이다. 나는 죄책감과 아픔을 느낀다.

다음으로 '활동지 3: 왜 당신은 자해를 하는가'를 활용하여 청소년 내담자가 명확하게 기억할 수 있는 최근의 자해 사건을 검토해라. 예시를 이용하여 가능한 많은 상세 정보를 얻어라. '주위에 누가 있었는가?', '당신은 어디에 있었는가?', '당신이 무엇을 보았고, 무슨 냄새를 맡았는지 등을 기억할 수 있는가?' 이러한 정보를 사용하여 활동지를 함께 완성하라.

자해 행동과 사고, 감정의 역할을 이해하는 데 있어서 이 정보는 유용할 것이라고 청소년 내담자에게 설명해라. 또한 다음 회기에서 다루게 될, 치료 경로와 청소년 내담자의 회복을 위한 치료 목표에 대해서 생각할 때도 이러한 정보가 도움이 될 것이다.

1회기의 종결

- 이 단계에서는 모듈 23을 소개하는 것이 유용하다. 자해의 대안을 소개하는 것은 초기부터 청소년 내담자가 자해를 감소시키려는 시도로서 다른 행동을 시험해 보는 것에 대해 생각해 볼 수 있게 한다는 점에서 유용하다. 당신은 이러한 대안이 좋은 생각이 될 수 있을지, 없을지에 대해 초기에 임상적 판단을 할 필요가 있을 것이다. 이러한 작업의 이점은 청소년 내담자가 자신이 어떠한 선택권을 가진다고 느끼고, 대개 새로운 방안을 시도하는 것에 매우 의욕을 갖는다는 것이다. 당신은 대안이 효과가 있었을 때와 그렇지 않은 경우에 대해 그들로부터 피드백을 받아 이용할 수 있다.
- 과제: 그 주 동안 내담자 그들 스스로 자해 사건에 대한 기능적 분석을 완성하기
- 피드백

청소년 내담자를 위한 유인물: 1회기

사람들이 자해를 하는 이유

- 자해는 긴장감을 줄일 수 있다.
- 자해는 절망감에 의해서 촉발될 수 있다. 당신이 더 열심히 노력하면 할수록 더욱 어려워지는 느낌 ('내려가는 에스컬레이터를 올라가는 것'처럼)
- 자해는 뭔가를 실제로 느낄 수 있는 방법일 수도 있다(그 감정이 고통이라 할지라도).
- 자해는 생각이나 감정에서 벗어나 안도감을 줄 수 있다.
- 자해는 죽기를 원해서 하는 것일 수도 있다.
- 자해는 갑작스러운 기분변화에 대한 반응일 수 있다. 당신의 기분이 갑자기 바뀌고 당신이 느끼는 감정이 당신이 느끼길 원하는 감정과 멀어질 때, 자해할 수도 있다.
- 자해는 삶에 대한 통제력을 얻기 위한 방법일 수도 있다('제어가 안 되는 기차에서 비상 브레이크를 당기는 것'처럼).
- 자해는 분노의 표현일 수 있다.
- 자해는 상처를 받거나 학대를 당한 후에 갖게 된 어려운 감정을 다루기 위한 방법일 수 있다.
- 자해는 신체의 매력을 감소시키거나 자신의 몸에 대한 더 강한 소유감을 느낄 수 있는 방법일 수 있다.
- 자해는 자기 자신 또는 다른 사람을 처벌하는 방법일 수 있다.
- 자해는 죄책감의 표현일 수 있다.
- 자해는 정화하는 행동일 수 있다('더러운 피를 제거하는 것'처럼).
- 자해는 정서적 그리고 심리적 고통에 대처하는 것을 도울 수 있다.
- 자해는 진정효과를 줄 수 있다. 일부 청소년은 자신의 피를 보거나 자신의 상처를 돌봄으로써 감정을 누그러뜨린다.
- 자해는 때때로 강한 주장을 하거나 다른 사람들로부터 반응을 이끌어내기 위해 실행될 수 있다. 요구사항과 감정을 전달할 수 있다.

자해에 대해 유용한 정보(출처: www.self-harm.co.uk)

얼마나 많은 청소년이 자해하는지 말하는 것은 거의 불가능하다. 그 이유는 무슨 일이 일어나고 있는지 누군가에게 이야기하는 십대들이 거의 없기 때문이다. 그렇다 보니 얼마나 많은 사람들이 힘들어하고 있는지 정확하게 알거나 기록을 남기는 것이 매우 어렵다. 청소년들의 대략 10%가 어느 시점에서 의도적으로 자기를 해하려 시도할 수 있지만, 그 수치는 훨씬 더 높아질 수 있다고 생각한다. A&E 부서(응급실)에서 자해로 인해 치료를 받은 청소년들의 약 90%는 약물남용으로 치료를 받았지만, 청소년들에게 선호되는 자해 방법은 역시 신체를 긋는 것이다. 이것은 자해로 고군분투하고 있는 많은 청소년들이 아직 의료서비스의 관심을 받지 못했다는 것을 의미한다.

2회기는 3개(모듈 3, 4, 5)의 모듈로 이루어져 있다. 이번 회기에서 청소년 내담자의 문제와 그들이 치료에서 얻고자 하는 구체적인 목표를 식별하는 것부터 시작하고자 한다. 그 후 CBT 모형을 소개하고, 이 모형이 어떻게 내담자가 선별한 목표를 달성하는 데 도움이 될 수 있는지 설명한다. 마지막으로 CBT의 첫 번째 핵심 측면인 감정을 소개한다(프로그램 소개에서 설명하였다시피, 이 책에서 '감정'과 '정서'는 같은 의미로 쓰이며 상호 변경 가능하다).

2회기: 상담자를 위한 참고 자료

- 문제와 목표의 식별
- CBT란 무엇인가?
- 감정은 무엇인가?
- 지속적인 감정 일기 기록

▬▬ 모듈 3: 문제와 목표

목표

이 모듈의 목표는 청소년 내담자가 현재 겪고 있는 어려움과 문제에 대해 정의하고, 이것이 얼마나 심각한지 충분히 이해하고, 치료에서 내담자가 얻고자 하는 것이 무엇인지 구체적인 목표를 식별하는 것이다.

치료 과정 내내 각 회기는 똑같은 구조를 따른다. 매 회기는 의제와 함께 시작한다.

의제

1. 지난 회기와 연결(예를 들어, '당신은 우리의 지난 회기에서 무엇을 기억합니까?'라고 질문하라. 당신은 아마 청소년 내담자와 함께 1회기 활동지를 간단히 확인해 볼 수 있을 것이다.)
2. 과제 검토(어떻게 진행되었는지, 문제가 있었다면 어떤 것이었는지, 무엇을 배웠으며, 우리는 그 바탕 위에 무엇을 만들어 나가야 할지를 볼 것이다. 이러한 학습을 일반화하기 위한 다음

단계는 무엇일까? 만약 지난주에 내담자가 '자해에 대한 대안'을 시도하는 것을 한 계획으로서 논의했다면, 이것이 어떻게 되었는지 질문하라.)

3. 청소년 내담자가 가져오는 사안(12쪽 자해 일지를 참고하라.)
4. 회기의 핵심 주제
5. 과제 계획
6. 피드백

활동: 문제와 목표

'활동지 4: 문제와 목표' 그리고 아래에 제시된 주안점을 이용하여 합의된 문제 목록을 작성하고 청소년 내담자에게 개인적인 1−10 척도 기준으로 그 문제가 현재 얼마나 나쁜지 평가하도록 요청하라(10= 가장 나쁨, 1= 가장 좋음).

주안점:
- 어떤 영역이 청소년 내담자의 삶에 문제를 일으키는가?
- 문제를 명확하고 구체적으로 정의하라.
- 모호한 목표를 행동 가능하고 측정 가능한 개념으로 쪼개라. 목표가 언제 달성될 수 있는지 정확하게 파악하기 위해서 목표는 반드시 현실적이고 명확하게 정의되어야 한다. 예를 들어, 만약 청소년 내담자가 '나는 좀 더 기분 좋아지고 싶어요.'라고 말한다면, '네가 기분이 좋아지는지 너 또는 다른 사람들이 어떻게 알 수 있을까?' 그리고 '만약 네 기분이 좋아진다면, 너는 어떻게 다르게 행동할 것이니?'라고 질문하라.

Katy의 문제	
문제	척도
1. 엄마와 지내는 데 어려움	9
2. 자신에 대해 부정적으로 생각함	8
3. 두 팔을 그음	8
4. 자신이 생각하는 것을 말할 수 없음	5

청소년 내담자는 때때로 자신이 느끼고 싶은 것, 또는 자신이 되고 싶은 것과 실제 자신 사이에 큰 격차가 있다고 믿는다는 것에 주목하라. 이것은 종종 (결과적으로 자해 사건으로까지 이어질 수도 있는) 절망감을 야기한다. 목표 설정에 대해서 논의할 시, 이 차이점을 인지하고 CBT 전략을 배움으로써 그리고 함께 작업함으로써 실현 가능한 성과와 변화가 가능하다는 희망을 알려주도록 하라.

▬ 모듈 4: CBT란 무엇이며 나의 자해와 어떤 관련이 있는가?

목표

이 모듈의 목적은 청소년 내담자에게 CBT의 주요 원리와 이러한 방식의 작업이 어떻게 그들이 목표에 이르도록 도울 수 있는지에 대해 교육하는 것이다. 또한 1회기에서 논의되었던 것과 같이 이것은 생각, 감정, 행동, 환경적인 요소의 관계를 강조함으로써 그들의 자해에 대한 기능적 분석과 CBT를 연계시킨다. 이 모듈은 청소년 내담자에게 CBT의 원리에 대하여 교육하고, 그들의 자해 행동의 유발 요인와 유지 요인을 인지하는 데 있어서 CBT가 얼마나 유용한지 교육하는 것이 목적이다. 이것은 자해로 향하는 생각을 관찰하고 이에 도전하는 전략으로 이끌어주며, 지금까지 자해에 이르게 하였던 격렬한 감정을 조절하는 대안 행동을 배우게 할 것이다.

청소년 내담자의 기능적 분석을 살펴보고 생각, 감정 및 행동의 다른 점과 그것이 어떻게 상호 연결되어 있는지 이야기하는 것으로 작업을 시작하라. 이 시점에서 이러한 작업에 대하여 조금 더 일반적으로 논의하면서 청소년 내담자에게 CBT 모형에 대해서 교육하는 것이 더욱 유용할 수 있을 것이다.

활동: 2개의 시나리오

'활동지 5: CBT란 무엇인가?'를 활용하여 청소년 내담자와 아래의 예시를 논의하라.

당신이 집에 혼자 있다고 상상해라(가족들은 잠시 동안 집을 비웠다). 그리고 당신이 아래층에 앉아 있는데, 위층에서 시끄러운 소리가 들린다(그림 2를 참고하라).

청소년 내담자가 두 개의 가능한 시나리오를 익히고 두 시나리오의 차이점에 대해서 구체적으로 생각할 수 있도록 독려해라.

청소년 내담자에게 시나리오 1과 2의 상황은 정확하게 같은 것이지만, 느껴지는 감정이나 느낌은 그 소음이 어떻게 해석되느냐에 따라 완전히 다를 수 있음을 설명하라. 그들 스스로의 표현으로 생각과 감정 사이의 관계에 대해서 적어 보도록 이야기하고, 그들 스스로 언제 어떤 것에 대해서 강한 감정을 느꼈는지 자기 자신의 예시를 만들도록 하라(즐거운 시기든 매우 화났을 때든). 그 후 그들로 하여금 이와 관련된 생각과 행동을 식별해 보라고 이야기하라. 다양한 예시를 기록하기 위한 '활동지 6: 도움 삼각형'을 활용하라.

CBT에서는 내담자가 자신의 생각을 식별하는 전문가가 됨으로써 그들의 어려운 감정을 관리하는 방법을 배울 것이라고 설명해라. 내담자가 자신의 감정을 다룰 수 있게 되면, 그들은 왜곡된 생각(사고의 편향)에 도전하는 법을 배우고, 더욱 적응적인 사고방식의 대안을 찾아내고, 마침내 그 생각에 대한 그들의 반응을 바꿀 수 있게 될 것이다.

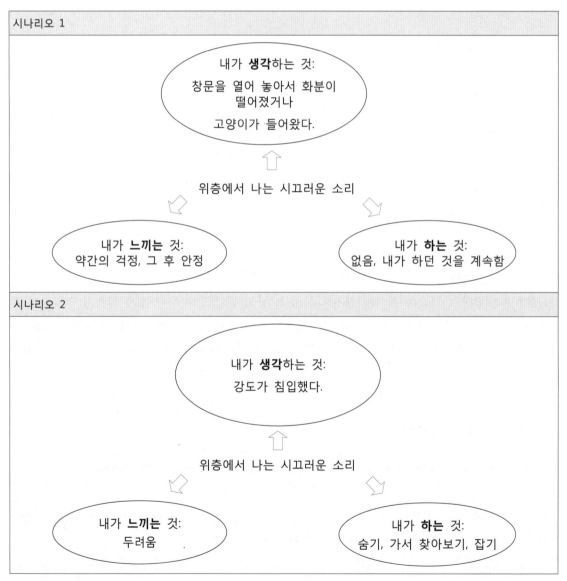

그림 2 두 개의 시나리오

━━ 모듈 5: 자신의 감정 알아가기

목표

이번 모듈은 계속해서 CBT의 측면에 초점을 맞추며, CBT에서 다음으로 중요한 측면인 느낌(감정)을 다루는 데 목적이 있다. 이 방법은 청소년 내담자가 그들이 어떻게 느끼는지 더욱 잘 알도록 돕고, 그들로 하여금 자신의 감정에 대한 이해와 묘사 능력을 증진시킨다. 그들은 강렬한 감정과 연관된 생각을 식별하는 법을 배우며, 결과적으로 그들의 감정을 관리하고 제어하는 법을 배울 수 있다. 이러한 생각과 전략의 일부는 Linehan의 감정을 조정하는 작업으로부터 채택되어 적용되었다.

감정을 제어하는 첫 번째 방법은 이름 그대로, 현재의 감정을 식별하고 이름 붙일 수 있는 능력에 대해서 이야기하며 시작하는 것이다. 감정은 유용할 수도, 파괴적일 수도, (드물게) 중립적일 수도 있다. 그뿐만 아니라 누군가가 자신의 감정을 해석하고 평가하는 것은 그것들이 어떻게 경험되었는지에 영향을 미친다. 다음에 소개하는 감정에 관한 심리 교육을 진행하라.

심리 교육

감정이란 무엇인가?

감정을 느낀다는 것은 누군가가 메시지를 전달하기 위해서 당신의 문을 두드리는 것과 비슷하다. 그 용무가 급하다면 노크는 시끄러울 것이다. 만약 엄청 급하다면 노크는 더욱 시끄러울 것이다. 만약 엄청 급하고 당신이 대답하지 않는다면, 당신이 문을 열어 주든지 아니면 문이 부서질 때까지, 노크는 더욱 더 시끄러워질 것이다. 어떤 방법이든지 감정은 그것이 인지될 때까지 점점 거세어 질 것이다. 당신이 메시지를 듣기 위해 문을 열어 주자마자 감정은 조절될 것이며 마침내 사라질 것이다.

(자해를 하던) 그 당시에는 이러한 경험을 하지 않았을 것이라고 청소년 내담자에게 설명해라. 그들은 아마도 가능한 한 빨리 그 감정을 없애고자 할 것이다. 그들이 감정을 매우 강하게 느낄 때, 가끔은 자해가 유일한 방법이라고 느꼈을지도 모른다.

사람들은 종종 그들 자신이 정확히 어떤 감정을 느끼는지 아는 것에 어려움을 갖는다. 이와 더불어 종종 두 가지 혹은 그 이상의 감정을 함께 경험하며, 그들은 매우 혼란스러울 수 있다. 감정이 죽처럼 뒤섞이면, 이는 따로 떼어 내거나 각각 이름 붙이기 어렵다는 비유에 대하여 토의하라. 이러한 일이 발생한다면, 청소년 내담자는 매우 압도되는 경험을 할 수 있다.

다음 활동은 청소년 내담자에게 각기 다른 감정에 대하여 가르치고, 그것들을 어떻게 분리하는지, 어떻게 더욱 쉽게 이해하고 다룰 수 있는지 알려주는 것에 목표를 둔다.

활동: 각기 다른 감정

'활동지 7: 감정 칵테일 풀어내기'를 내담자에게 나눠 주어라. 이 과정은 청소년 내담자가 그들의 다양한 감정을 식별하고, 해석하고, 이해하며, 묘사하는 데 도움을 주기 위해 설계되었다. 또한 이것은 그들이 자신의 감정과 행동 사이의 연결에 대해 확인하는 데 도움을 줄 것이다.

청소년 내담자에게 우리가 그들의 감정에 대해서 좀 더 자세히 볼 것이라고 말하라. 우선 그들은 2번 표(활동지 8: 감정 목록)에 있는 감정 목록을 봐야 한다.

청소년 내담자에게 목록 중에서 세 개의 감정을 뽑으라고 이야기해라. 내담자의 감정의 표현 능력 및 그들이 선호하는 것의 정도에 따라서 내담자에 따라, 몇 개의 방법 중 한 가지를 사용할 수 있다.

- 눈을 감고 세 개의 다른 감정을 무작위로 선택해라.
- 당신이 가장 잘 알아차리는 세 개의 감정을 뽑아라.
- 당신을 가장 못 알아차리는 세 개의 감정을 뽑이리.
- 다른 사람들이 말해 주는, 그들이 생각하기에 당신이 표현하는 세 개의 감정을 뽑아라.

두려운	겁먹은	확신하는
용감한	행복한	만족하는
외로운	울먹이는	차분한
아픈	염려하는	혐오스러운
역겨운	통제 불가능한	편안한
질투나는	자랑스러운	부끄러운
불편한	당황스러운	절망하는
비참한	무력한	학대받는
화가 난	불안한	사랑하는
슬픈	죄책감이 드는	신나는
실망스러운	지루한	짜증난
익숙한	기분이 나쁜	성난
속상한		

표 1 감정 목록

내담자가 그들의 감정 세 개를 뽑으면, 내담자에게 그것을 하나하나 읽고 그것들이 의미하는 바를 최선을 다해 묘사하라고 이야기해라. 이것이 수월하다면 당신은 청소년 내담자가 다른 사람들이 이 감정을 경험할 때 느끼는 것을 어떻게 생각하는지와 이것을 연계시킬 수 있다. 이것은 검사가 아니라는 것을 명확히 해야 한다. 몇 가지 감정은 묘사하기가 어렵다. 이것의 복적은 청소년 내담자가 그들의 감정과 감정적 단어를 어떻게 이해하는지에 대하여 알기 위함이다.

이어서 감정 척도(아래 표를 참조하고 또한 그림 양식, '활동지 9: 감정 척도'를 활용하라.)를 소개하고 청소년 내담자가 그들의 특정한 감정에 대하여 얼마나 강렬하게 느끼는지 평가해 보기를 장려하라. 이 주관적인 척도는 이 책 전체에 걸쳐 활용될 것이다.

감정 척도

0	1	2	3	4	5	6	7	8	9	10
강렬하지 않음			약간 있음				보통			가장 강렬함

다음으로 청소년 내담자 Cassie의 예시를 보여 주어라. 그리고 그들이 처음에 고른 세 개의 감정 중 첫 번째 감정에 대해서 다음의 질문을 하라.

- 당신이 그런 종류의 감정을 최근 언제 느꼈는지 또는 친구나 가족을 관찰하였을 때, 언제 그런 감정을 느끼는지 예를 들어 줄 수 있습니까?
- 어떤 일이 벌어졌는지 정확히 묘사할 수 있습니까?(그들이 그들의 감정들과 행동들 사이를 연결할 수 있도록 도움을 주어라.)
- 당신이 그 당시에 어떤 생각을 했는지 기억할 수 있습니까?

Cassie의 예시

Cassie는 종종 내부가 멍한 느낌을 받는데, 그것은 그녀가 자해할 때이다. 그녀는 다음과 같은 감정을 인지하며, 이것들은 그녀가 참기 위해 애쓰는 느낌이다.

- 무서움: 당신의 심장이 매우 빠르게 뛸 때, 당신은 당신이 죽을 것 같거나 무언가 두려운 일이 벌어질 것 같다고 느낀다. 마지막으로 내가 이런 감정을 느낀 때는 내가 나의 치료 집단에 가야 했을 때이다. 나는 내가 판단될 것이며, 모든 사람들이 나를 싫어할 것이라고 생각했다. 그러자 나는 더욱 무서움과 불안함을 느꼈다. 나는 만약 내 나이대의 어떤 사람이 두려움을 느꼈다면, 그들은 또한 육체적인 감각을 느꼈을 것이며 아마 그들을 두렵게 만드는 행동을 피할 것이라고 생각한다.

다음으로 청소년 내담자에게 이와 같은 방식으로 다른 두 개의 감정에 대한 자신의 개인적인 경험도 묘사하라고 요청하라. 그리고 내담자 또래의 다른 젊은이는 어떻게 행동할 것 같은지와 만일 그들이 그렇게 느낀다면 왜 그렇게 생각할지에 대해서 묘사하도록 하라. 이것은 청소년 내담자(그리고 상담자에게도)가 특정한 감정의 상태에 있을 때, 그들 자신의 생각과 행동을 특정 발달 단계에서 자신이 생각하기에 정상이라고 여겨지는 생각과 행동 그리고 감정에 도움이 되기보다 증가시키는 행동을 비교해 볼 수 있는 기회를 준다.

만약 청소년 내담자가 매우 감정적으로 능통한 것처럼 보인다면, 이 과정에 투자하는 깊이와 시간의 양에 관해서 더욱 유연해져도 좋다.

2회기 종결

- 과제: 이번 회기를 위한 그들의 과제로서, '활동지 10: 감정 일기'를 청소년 내담자에게 주어

라. 자신의 감정을 일기로 간직하는 것은 많은 방면에서 도움이 될 수 있다고 설명하라. 그 일기를 돌아보면서, 당신은 일기에서 당신이 무슨 행동을 했는지 그리고 어떻게 느꼈는지 사이의 관계를 발견할지도 모른다. 그뿐만 아니라 당신의 감정이 하루 중 특정한 시간에 더 강하다거나 혹은 당신이 생각했던 것만큼 감정을 자주 느끼지 않았다는 것 또한 발견할지 모른다. 이 과제에 이어서 '활동지 11: 감정은 우리의 친구'와 '활동지 12: 내가 짓누르고, 억압하고 삼키는 감정은 무엇인가?'를 완성할 때, 그들의 일기로부터 예시를 가져올 수 있을 것이다.

- 피드백

일기장 작성 방법

일기 용지는 일주일의 각 하루를 한 시간 단위의 칸으로 나눈다. 각각의 칸에 다음의 정보를 적는다.

- 무엇을 하고 있었으며 누구와 함께 있었는가?
- 어떻게 느꼈으며 0-10 감정 척도 기준으로 그 감정의 강도는 어떠한가?

당신이 세부사항까지 적을 필요는 없다. 하나 혹은 두 개의 단어도 충분하다.

요일 시간	월요일
오전 8-9시	잠에서 깨 침대에 누워 있음 슬픔 9
오전 9-10시	늦게 일어나서 학교에 지각함 슬픔 7
오전 10-11시	영어 수업을 들음 걱정 4
오전 11-12시	여전히 수업을 들음 걱정 5
오후 12-1시	홀로 점심 식사를 함 슬픔 10
오후 1-2시	친구들과 체육 수업을 들음 걱정 8
오후 2-3시	영어 수업을 들음 좋음 5
오후 3-4시	학교에서 집으로 귀가함 좋음 6
오후 4-5시	엄마와 차를 마심 짜증 7
오후 5-6시	내 방으로 올라옴 절망 8

오후 6-7시	언니와 대화를 함 행복 6
오후 7-8시	가족과의 저녁 식사를 함 지루함 7
오후 8-9시	텔레비전 시청함 편안함 8
오후 9-10시	
오후 10-11시	침대에 누움 걱정 8
오후 11-12시	잠이 오지 않음 걱정 10

표 2 Cassie의 감정 일기

참고 문헌

1. Linehan, M. (1993) *Cognitive Behaviour Treatment of Bordenline Personality Disorder*. New York: Guilford Press.
2. McKenna, P. (2007) *I Can Make You Thin*. London: Bantam Press.

청소년 내담자를 위한 유인물: 2회기

문제와 목적

• 당신은 자신의 문제를 어떻게 파악하고 구체적인 목적을 정의하는지 배울 것이다.

CBT는 무엇인가?

• CBT는 자신의 생각을 식별하는 전문가가 됨으로써 어려운 감정을 관리하는 방법을 배우는 것이다. 당신이 이것에 능숙해지면, 당신은 사고의 편향에 도전하는 법을 배우고, 더욱 적응적인 사고방식의 대안을 찾아내고, 마침내 그 생각에 대한 반응을 바꿀 수 있게 될 것이다.

• 첫 번째 단계는 당신이 어떻게 느끼는지에 초점을 맞추고 당신의 감정을 묘사하는 데 능숙해지는 것이다. 당신이 강렬한 느낌을 경험할 때, 그것은 대개 생각과 연결된다.

감정에 대하여 기억해야 할 것들

• 감정을 느끼는 것은 누군가가 메시지를 전달하기 위해서 당신의 문을 두드리는 것과 비슷하다. 그 용무가 급하다면 노크는 시끄러울 것이다. 만약 엄청 급하다면 노크는 더욱 시끄러울 것이다. 만약 엄청 급하고 당신이 대답하지 않는다면, 당신이 문을 열어주든지 아니면 문이 부서질 때까지, 노크는 더욱 더 시끄러워질 것이다. 어떤 방법이든지 감정은 그것이 인지될 때까지 점점 거세어 질 것이다. 당신이 메시지를 듣기 위해 문을 열어 주자마자 감정은 조절될 것이며 마침내 사라질 것이다. 때때로, 당신은 아마도 가능한 한 빨리 그 감정을 없애고자 할 것이며 감정을 매우 격하게 느낄 때, 자해가 유일한 선택지라고 느껴질지도 모른다.

• 감정은 유용할 수도, 문제가 될 수도, 또는 (드물게) 중립적일 수도 있다. 그뿐만 아니라, 당신이 자신의 감정을 어떻게 해석하고 이해하는지가 당신이 그 감정을 경험하는 데 영향을 미친다.

• 사람들은 종종 그들 자신이 정확히 어떤 감정을 느끼는지 아는 것에 어려움을 가지며, 당신은 아마 종종 두 가지 혹은 그 이상의 감정을 함께 경험할 수도 있고, 이는 매우 혼란스러울 수 있다. 이는 죽처럼 뒤섞이는 것과 비슷하여, 감정을 따로 떼어 내거나 각각 이름 붙이기 어렵다. 이러한 일이 발생한다면, 당신은 매우 압도당하는 느낌을 받을 수 있다.

• 감정을 일기로 간직하는 것은 많은 방면에서 도움이 될 수 있다. 그 일기를 돌아보면서, 당신은 일기에서 당신이 무슨 행동을 했는지 그리고 어떻게 느꼈는지 사이에 연관을 발견할지도 모른다. 그뿐만 아니라 당신의 감정이 하루 중 특정한 시간에 더 강하거나 또는 당신이 생각했던 것만큼 감정을 자주 느끼지 않았다는 것 또한 발견할지 모른다.

이번 회기는 이전 과제를 기반으로 하여 감정에 대한 몇 가지 연습으로 시작한다. 모듈 6과 모듈 7은 주요 관계(잠재적인 보호 요인)와 변화에 대한 동기에 대해 다룬다.

이번 회기의 전반적인 목표는 모듈 5에서의 감정에 관한 작업을 지속하면서 청소년 내담자의 삶과 치료 현장 밖에 있는 관계에 대한 실마리를 얻는 것이다. 이 과정은 참여를 강화하고 평가의 다음 단계로 이어질 것이다(청소년 내담자의 관계를 이해하는 것(모듈 6)). 이 회기는 변화에 대한 동기 평가로 마무리하는데 필요하다면 추후에 청소년 내담자의 변화에 대한 동기 부여 작업으로 이끌어라(모듈 7).

> **3회기: 상담자를 위한 참고 자료**
>
> - 정서의 기능: 감정은 우리의 친구이다.
> - 관계가 자해에 미친 영향
> - 청소년 내담자의 강점 살피기
> - 자해를 포기할 수 있는 동기

의제

1. 지난 회기와 연결하기
2. 과제 검토(주요 회기 주제에서)
3. 청소년 내담자가 가져오는 사안
4. 회기의 핵심주제
5. 과제 계획
6. 피드백

회기의 핵심 주제

감정 일기 과제를 검토하고 감정을 이해하는 다음 단계에 대해 생각함으로써 회기를 시작하라. 감정에 대한 작업을 지속하기 위해서 '활동지 11: 감정은 우리의 친구'와 '활동지 12: 내가 짓누르고, 억압하고 삼키는 감정은 무엇인가?'를 활용하라. 활동지를 내담자와 함께 작성해 보아라. 먼저 아래에 있는 Mark의 사례를 보아라. 이 작업을 마치면 청소년 내담자의 관계와 개인적인 강점에 초점을 맞춘 다음 모듈로 이동하라.

감정은 우리의 친구: Mark

그래, 어쩌면 이 말이 조금 바보처럼 들리겠지만, 이건 사실이다! 한번 생각해 보아라. 대부분 사람들은 행복은 긍정적인 감정이고, 분노는 당신이 절대 가져서는 안 될 부정적인 감정이라고 말할지도 모른다. 하지만 우리 모두는 각기 다른 순간에 다른 많은 감정을 느끼며, 그중 일부는 꽤 불쾌한 감정이다! 분노를 느끼는 것은 나쁜 것이 아니다. 중요한 것은 당신이 느낀 그 감정으로 무엇을 하는지이다.

몇몇 조금 더 '어려운' 감정의 몇 가지 긍정적인 측면을 고려해 보도록 하자.

- 분노: 무엇을 옹호하거나 지지하는 힘을 줄 수 있다.

분노가 나를 위해 무엇을 하는가? 내가 함부로 대해지는 것을 막는다(특히 아버지로부터).

- 시기심: 당신이 무언가를 위해 노력하도록 도울 수 있다.

시기심이 언제 나를 도와주었는가? 내 동생이 달리기에서 나를 따라잡기 시작했을 때, 내가 이기기 위해서 더욱 열심히 하도록 만들었다.

- 죄책감: 내가 행동하는 방식을 바꾸도록 도울 수 있다.

죄책감이 나를 어떻게 도와주었는가? 나의 모든 분노를 어머니에게 표현할 때, 나는 죄책감을 느낀다. 그것은 아버지의 잘못이지 어머니의 잘못이 아니다. 그러면 나는 사과를 하고 그녀의 기분을 풀어주려고 노력할 수 있다.

- 두려움: 당신이 <u>스스로</u>를 보호하도록 도울 수 있다.

두려움이 어떻게 나를 도와주었는가? 죽음에 대한 두려움은 내가 어떻게 나의 삶을 더욱 좋게 만들 수 있는지 생각하게 해 주었고, 그래서 나는 정말 살고 싶다.

- 수치심: 미래에 당신이 사랑하는 사람들을 더욱 배려할 수 있도록 돕는다.

수치심을 느끼는 것이 나를 어떻게 도와주었는가? 나의 아버지는 내가 누구인지, 내가 무엇을 입는지 그리고 나의 성(性)에 대해서 부끄럽게 만든다. 나는 나 자신을 위해 일어서는 법을 배우기 시작하고 있지만 그것은 아버지가 나를 괴롭히는 사람들로부터 나 자신을 보호하기를 원했던 그의 양육 방식을 조금 이해하도록 도왔다.

- 슬픔: 계속해서 나아갈 수 있도록 돕는다.

슬픔은 나를 어떻게 도와주었는가? 나는 여전히 슬픔을 느끼지만, 나는 슬픔이 너무 심하기 때문에 이것을 혼자 다룰 수 없다고 판단하였다. 그때가 내가 도움을 요청한 시기이다.

- 실망감: 다른 사람들 그리고 자신에 대한 기대가 조금 더 현실적일 수 있게 돕는다.

실망감이 나를 언제 도와주었는가? 나의 아버지가 변하지 않을 것이라는 것을 깨달았다. 나는 그의 관점에서 보려고 노력하며 내 자신의 가치를 지키려고 노력하는 수밖에 없다.

짓눌린 감정들

자해는 주로 분노, 좌절, 절망 또는 슬픔과 같은 압도적인 감정을 관리하는 한 방법으로 간주된다. 때로는 이런 격렬한 감정이 너무 커서 화산처럼 넘쳐흐른다고 느낄 수 있고 이는 감당하기 벅찰 수도 있다. 그래서 우리가 이러한 감정을 경험할 때, 종종 감정을 다루는 방법을 찾으려고 시도한다. 우리는 우리의 감정에 대한 통제감을 갖기 위해서 감정을 삼켜 버리거나 억누르고, 일부 사람들은 안도감을 얻기 위해 자해를 하기도 한다.

어떤 청소년 내담자에게는 이런 강렬한 감정을 묘사하는 방법을 아는 것조차 어려운 일일 수 있다. 일찍부터 '감정 칵테일을 풀어냄'으로써 그들은 자신의 감정을 더욱 잘 식별하고 이해할 수 있다. 다음 작업은 그들이 억누르고 묻어 두었던 특정한 감정을 확인하도록 돕기 위한 것이다.

Mark의 감정 억누르기

- 불안(보여 주려니 무력감을 느낌)
- 슬픔(이것이 폭발할 때까지)
- 시기심(시기심이 나를 잡아먹음)

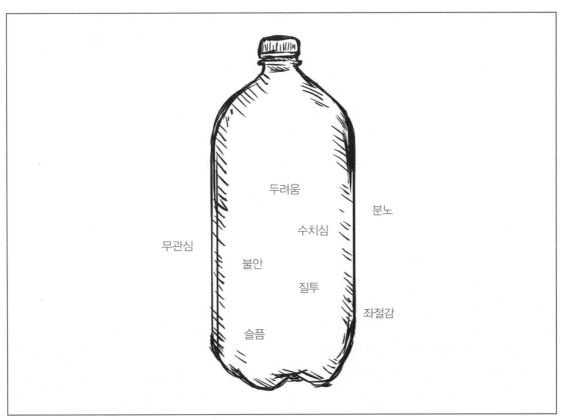

그림 3 Cassie의 감정의 '병'

당신이 청소년 내담자와 이 작업을 해나갈 때, 그들에게 자신이 묻어 두거나 억누르거나 혹은 삼키는 감정이 무엇인지 물어 보아라. 당신은 적절한 또는 모든 활동지를 사용할 수 있다. 그들이 왜 그렇게 한다고 생각하는지 그리고 그들의 감정에 대해서 이러한 전략을 사용하는 것의 이점과 단점이 무엇인지 물어보는 것이 유용할 것이다.

■■■ 모듈 6: 관계와 강점

목표: 관계

청소년 내담자를 지지해 주고 있는 관계를 파악하고 내담자가 대화할 수 있는 사람들이 누구인지 그리고 내담자가 어떤 대인관계 기술 또는 문제를 가지고 있는지 파악하기 위함이다.

문헌에 따르면 어린이와 청소년의 자해에는 부모-자녀 관계의 어려움, 낮은 수준으로 자각되는 부모의 보살핌과 열악한 의사소통, 자해에 대한 가족력, 부모의 정신 질환 및 약물 남용과 같은, 특히 가족 요소와 관련된 다수의 위험 요인과 유지 요인이 존재하는 것이 분명하다. 많은 자해 사건은 부모(대개 어머니)와의 논쟁에 의해 촉발된다. 자해의 다른 유지 요인은 심리적 요인인데, 예를 들면 부정적 자기 개념으로부터 악화되어지는 우울증이 있다. 이 모듈은 청소년 내담자의 인생에 핵심적인 관계에 대한 정보를 분석한 후, 청소년 내담자의 강점을 다룬다.

청소년 내담자에게 지금부터 자신의 삶에 있는 사람들에 대해 더 많이 생각하게 될 것이고, 그 사람들이 자신의 자해와 감정에 어떻게 영향을 미치는가를 생각하게 될 것이라고 이야기하면서 시작해라. 그들이 가족 또는 친구들에 대해 이야기한 일기의 예시를 강조하면서 일기에 언급된 많은 사람들의 중요성, 지원성 부분이 중심(그들 자신)으로부터 얼마나 떨어져, 어디에 위치하는지 배치해 보는 유용한 시간이 될 것이라고 이야기하라.

활동: 관계 지도

'활동지 13: 나의 관계 지도'를 활용하여, 내담자에게 지도의 중심에 자기 자신을 위치시키도록 하라. 그런 다음 자신의 삶에 전반적으로 누가 있는지 그리고 자신에게 중요한 사람이 누구인지 또는 누가 자신의 삶에서 특정한 역할을 하고 있는지를 고려해 보라고 하라. 그 후 이 사람들(주로 친구들이나 가족)이 자신에게 얼마나 중요한지, 또는 얼마나 가깝게 느끼는지에 따라서 위치(중앙에 있는 자신과 가깝거나 멀게)를 정해 지도에 추가한다. 때때로 청소년 내담자는 어떤 관계/친구를 어디에 두어야 할지에 대해 '직감'을 가지고 있을 것이다. 다른 경우에는 사람들을 (그들이 있어야 할 것 같은 위치가 아니라) 어디로 보내야 할지 신중하게 생각할 필요가 있을 수도 있다.

이 활동은 내담자에 따라서 지도에 관계를 나타내는 작업을 각 관계마다 색상, 단추, 돌 또는 미니어처를 사용하여 보다 창의적으로 작업할 수 있다. 당신은 또한 청소년 내담자가 다른 사람들마다 특정한 색상 혹은 미니어처를 선택한 이유를 함께 탐색할 수 있다.

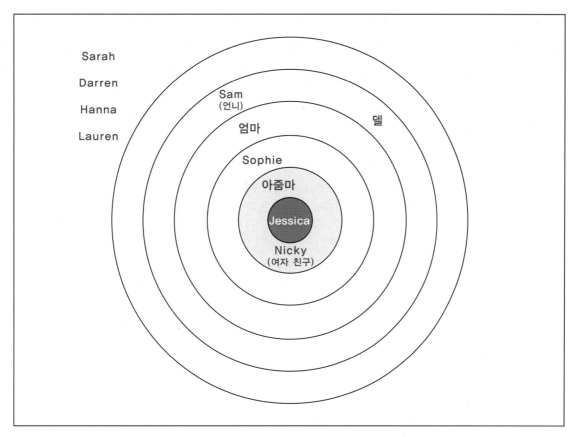

그림 4 Jessica의 관계 지도

내담자와 함께 그들이 이야기를 나눌 수 있는 사람들과 그들과 가까운 사람들의 차이점에 대해서 토론하라. 청소년 내담자는 부모와 가까운 사이일 수 있지만 어려운 관계일 수도 있고 대화는 할 수 없는 관계일 수도 있다는 점을 기억하라. 혹은 다른 색상을 이용하여 이야기할 수 있는 사람들 집단과 가까운 사람들 집단을 각각 두 번 완성해도 된다. 이렇게 하면 두 가지 범주 모두에 분류되는 사람들이 두 가지 색상으로 강조될 것이다.

이 활동은 청소년 내담자가 자해를 피하고 의사소통을 증가시키기 위해 가까운 사람들의 지지를 이용하는 방법에 대해서 생각하도록 도와줄 수 있다고 설명하라. 이것은 나중에 대처 전략에 대해 생각할 때 참고될 수 있다.

목표: 강점

모듈 5에서 보았듯이 문헌들은 청소년기에 반복되는 자해는 우울증, 절망감, 특성 분노, 낮은 자존감 그리고 낮은 수준의 자기-평가된 문제 해결 능력과 같은 다양한 심리적 요인과 관련이 있음을 나타낸다. 이뿐만 아니라 청소년 내담자는 자해에 상당히 애착을 갖게 될 수도 있으며 만약 이것을 '빼앗긴다'고 생각을 한다면, 자해를 대체할 수 있는 다른, 더욱 기능적인 행동에는 무엇이 있는지를 아는 것이 중요하다.

이 모듈의 목적은 청소년이 자신의 강점을 파악하도록 돕는 것이다. 내담자가 오로지 그들의 자해에 한정되어 정의되지 않고, 그들의 자존감을 향상시키기 위해 긍정적인 자질의 증거를 찾기 시작하는 것은 중요하다. '활동지 14: 강점'을 활용하여 상담을 진행하여라.

나의 강점 – 내가 잘하는 일!: Jessica

- 나의 가족은 나의 강점이 무엇이라고 말할까?: 남을 잘 돕고, 창의적이고(글쓰기에 소질이 있음.), 영리하고(비록 나는 그렇게 생각하지 않지만), 아름다우며, 재능이 있음.
- 왜 나의 친구들은 나를 좋아할까?: 사려깊고, 재미있고, 배려심이 깊고, 강하고, 말 붙이기 쉽고, 성실하며, 명랑함.
- 내가 성취한 것은 무엇인가?: 중등 교육 자격 검정 통과(우울증과 선생님의 부정적인 태도에도 불구하고), 주를 대표하는 수영선수(그러나 자해와 우울증이 시작되어서 중단하였음.)

활동: 당신의 강점은 무엇인가?

이 활동을 위해서 청소년 내담자에게 본인이 잘하는 일에 대해 생각해 보도록 하라. 토론에 도움이 될 수 있는 촉발제를 제시해라. '너의 가장 친한 친구는 너의 좋은 점/강점이 무엇이라고 말하니?', '너의 친구들은 너를 친구로서 왜 좋아하니?', '친구들이 네가 가진 좋은 친구가 될 자질이 무엇이라고 하니?', '선생님/가족이 너에 대해 무슨 긍정적인 말을 했니?', '네가 무언가를 성취했거나 승리한 경험 등이 있니?'

이 활동의 목표는 청소년 내담자의 자존감을 높이는 데 도움이 되는 다양한 강점에 대한 증거를 찾는 것이다(3회기 종결 과제를 참조하라).

▬▬ 모듈 7: 당신은 변화할 준비가 되었는가?

목표

이 모듈은 다음 단계의 치료를 준비하는 과정으로 변화에 대한 동기를 평가하고, 자해 이외의 문제를 관리하기 위한 대안적 방법을 찾는 것을 목표로 한다. 우리는 연구 결과들을 통해 상담자와 내담자 사이의 상호 작용이 내담자의 저항, 규칙 준수 및 변화에 강력한 영향을 끼친다는 것을 알고 있다.

자해를 하는 사람들이 자신의 대처 방법에 대해 부끄러워하거나 당황스럽다고 느끼는 것은 드문 일이 아니다. 하지만 청소년 내담자에게는 자해를 하지 않는 삶이 어떻게 될지 생각하는 것 또한 어려울 수 있고, 그들은 양가감정을 느끼거나 심지어는 자해를 포기할 동기를 잃을 수도 있다. 그들이 변화할 수 없거나 변화할 준비가 되지 않음에는 많은 이유가 있다. 그렇다고 하더라도 그들이 이러한 프로그램에 참여하기 시작했다는 것은 최소한 그들 중 일부(혹은 그들을 걱정하는 누군가)는 변화를 고려하고 있다는 것을 의미한다.

활동: 당신은 변화할 준비가 되었는가?

간단한 '동기 측정 척도'를 사용하여 청소년 내담자의 동기를 평가하기 위해, '활동지 15: 당신은 변화할 준비가 되었는가?'를 활용하여라. (7) 청소년 내담자와 함께 질문지를 완성하라. 동기가 낮은 것으로 평가된다면 내담자와 논의를 시작할 수도 있는 자해 그리고 이와 관련된 문제행동의 '비용'과 '이익'을 평가하도록 격려해라.

자해가 인생에 얼마나 유용한지 물었을 때 Mark가 작성한 답변을 보아라(상자를 보시오). 그 후 청소년 내담자에게 같은 질문을 하고 토론해 보아라.

> **당신은 변화할 준비가 되었는가?: Mark**
>
> Mark는 자해를 중단하고 싶지만 자해를 중단하는 것이, 특히 불안하거나 기분이 처질 때는 매우 어렵다. 그는 자신의 피를 볼 때 긴장이 풀리고 평온해진다고 한다. 이것은 또한 그로 하여금 '진짜 느낌'을 갖게 한다. 하지만 Mark는 자신의 자해가 오직 일시적인 안정감만을 제공하고 자신의 문제에 대한 해결책은 아니라고 인식한다. 게다가 그는 자신의 자해 행동이 그의 부모님 사이에서 더 많은 논쟁을 야기하고 그의 엄마가 그를 걱정하도록 만든다는 것에 죄책감을 느낀다. Mark는 자신의 어려운 감정을 다루기 위한 보다 건강한, 대안적인 방법을 찾음으로써 자해하고자 하는 자신의 충동을 극복하고자 한다.

활동 팁(Bell(8)에서 인용)

- 개방형 질문을 사용하도록 노력하라. 예를 들어, '~에 대해서 말해줄래?'
- 청소년 내담자가 왜 그러한 일을 경험하고 있는지 이야기하면서 확인해 주어라. 예를 들어, '네가 뒤섞인 감정을 가지는 것을 자연스러운 거야.'
- 당신은 청소년 내담자가 말하는 것을 효과적으로 듣고 요약하는 것을 확실히 하라. 예를 들어, '네가 말하는 게 이거니?'
- 문제에 대한 청소년 내담자의 인식과 관련된 동기 부여 진술을 포함하도록 노력해라. 가족, 친

구, 건강에 미칠 만한 영향에 대한(지금 그리고 미래의) 우려 사항, 변화하려는 그들의 현재의 의도, 그들의 낙천적인 수준과 자기 효능감에 대한 과거 경험(예를 들어, 과거에 성공적인 변화를 경험했을 때).

- 내담자의 목표에 대해 탐색하라. 예를 들어, '너의 인생에서 중요한 것이 무엇이니?', '너의 문제는 어떻게 발생하니?, 너의 문제는 어떻게 진행되고 있니?'

만약 점수가 2점 이상 5점 이하라면, 추가적인 동기 부여 작업이 유용할 수 있다. 내담자에게 당신은 추후에 더욱 많은 활동과 활동지를 이용하여 동기 부여에 대한 작업을 더 진행할 것이라고 설명해라(다음 부분을 보아라).

활동: 동기 강화

이 활동의 목표는 변화에 관한 청소년 내담자의 동기에 대한 생각을 계속 해 보는 것이다. 이 활동은 선택사항이며 청소년 내담자의 동기 수준에 달려 있다. 활동지 15의 답변을 다시 보면 청소년 내담자의 동기가 문제인지 아닌지를 결정하도록 도와줄 것이다. 만약 그들이 변화에 대한 동기가 부족하거나 자해를 포기하는 것에 대한 양가감정을 느낀다면 이 활동이 유용할 수 있다.

자해를 포기하는 것을 꺼려하는 이유에 대해 알아볼 것임을 청소년 내담자에게 알려 주며 활동을 시작하라. 부분적으로는 외견상 참을 수 없는 고통에 대한 효과적인 단기 해결책처럼 느껴질 수 있기 때문에, 자해를 포기하기 위한 치료를 받는 것에 대해 혼란스러운 감정을 갖는 것이 매우 일반적이라는 것을 설명하라. 하지만 무언가가 그들을 치료로 이끌었다는 것은 동기 부여의 핵심 또는 적어도 변화에 대한 호기심을 의미한다. 당신이 그들과 함께 작업할 준비가 되었으며, 이는 정보에 입각한 선택을 하고 양가감정이나 주저함에 접근할 것임을 알려라. 자해의 장점과 단점에 대해 탐색할 것이라고 설명하라. '활동지 16: 균형 잡기'를 활용하여, 정기적으로 자해를 하는 15살의 '가상 내담자' Jessica의 균형 표를 청소년 내담자와 함께 논의해 보아라.

자해의 장점과 단점: Jessica

- 현재 나에게 있어서 자해의 좋은 점
  자해는 나를 안정되고, 집중하게 만든다.
  피를 보는 것이 좋다.
  자해는 모든 나쁜 감정을 지워 버린다.

- 현재 다른 사람들과 나와의 관계에 있어서 자해의 좋은 점
  내가 얼마나 화났는지 다른 사람들이 알게 한다.

- 현재 나에게 있어서 자해의 나쁜 점
  내가 더 나은 대처를 하지 못한 것에 대해 부끄러움을 느끼게 하고, 아프다.
  상처의 일부가 보기 흉하다.

- 현재 다른 사람들과 나와의 관계에 있어서 자해의 나쁜 점
  다른 사람들과 나의 어려움 중 어떤 것도 자해가 해결해 주지 않는다.
  자해는 내가 걱정하는 사람들을 화나게 한다.

청소년 내담자에게 그들이 자해의 긍정적인 측면과 부정적인 측면을 생각해 보아야 한다고 가르쳐라. 그들의 가족/친구들은 자해에 대해 다른 관점을 가질 수 있으므로 청소년 내담자는 한걸음 물러나서 다른 관점에서 자해를 바라보도록 노력해야 한다. 내담자에게 다음 사항을 요청하라.

- 현재 그들에게 자해가 미치는 장점과 단점에 대해 확인하기
- 다른 사람들과 관련하여 자해의 장점과 단점을 확인하기('자해가 사람들을 화나게 하는가?', '자해가 사람들이 내담자에게 불평하는 것을 저지하는가?')
- 미래를 살펴보기(생각할 수 있는 능력에 따라서 지금으로부터 3년, 5년 또는 10년 후를 말하라. 삶에 이 단계에서 자해의 장점과 단점은 무엇인가? '너는 5년 후에 무엇을 하고 있을 것이라고 생각하니? 그때 일하고 있을 수도 있고, 친구와 같이 살고 있을 수도, 연애 중일 수도 있겠다.'와 같은 약간의 기준을 확인하는 것이 유용할 수 있다. 이러한 질문은 청소년 내담자로 하여금 미래의 삶을 시각화하도록 돕는다.)
- 미래의 다른 사람들과 관련지어 그들의 자해에 대하여 생각해 보기('네가 친구와 함께 살고 있고, 스무살이 된 너의 인생에도 여전히 자해가 지속되고 있다면, 장점과 단점은 무엇일까?')

활동: 다른 사람들의 시각을 통해 자해를 바라보기(역할극)

'활동지 17: 다른 사람의 시각으로 자해 바라보기'를 내담자에게 나눠 주어라. 이 활동의 목적은 청소년 내담자로 하여금 다른 사람들이 그들의 자해를 어떻게 보는지 탐색할 수 있도록 하기 위함이다. 이것은 역할극 또는 편지쓰기를 통해 진행될 수 있다. Cassie의 역할극 활동 예시를 참고하라.

역할극: Cassie

Cassie와 그녀의 상담자는 Cassie가 자기 자신과 다른 사람들에 대한 통찰을 얻을 수 있도록 역할극을 실시했다. 상담자가 Cassie의 역할을 하는 동안, Cassie는 자신이 존경하고 소중하게 여기는 사람(그녀의 가장 친한 친구 Emma)의 역할을 맡았다. 상담자는 Cassie/Emma에게 몇 가지 개방형 질문을 하였다.
- 너는 나를 어떻게 보니? 넌 행복해 보여. 하지만 네가 슬픔을 느끼고 있다는 것을 내가 알게 되는 때가 있고, 난 너를 위해 네 옆에 있고 싶어.
- 나의 자해가 너에게 어떤 영향을 주니? 나는 네가 걱정돼. 하지만 네가 나에 대해 화가 나거나 방어적인 태도를 취할까봐 너의 자해에 대해 이야기를 꺼내기가 종종 두려워. 네가 혼자 있으려고 할 때, 나는 항상 네가 걱정돼. 그리고 만약 네가 허락한다면 나는 널 더욱 지지해 주고 싶어.
- 너의 생각과 감정은 무엇이니? 나는 겁이 나고, 네가 언젠가 도를 넘어서 자신에게 심각한 상처를 입히거나 더 심한 것을 할까봐 걱정돼.
- 넌 나에게 어떤 조언을 해 주겠니? 나는 네가 기분이 가라앉을 때, 나 또는 다른 누군가에게 전화를 하라고 조언하고 싶어. 우리는 너의 주의를 다른 데로 돌리도록, 너의 기분을 고양시키는 음악을 들

거나 네가 좋아하는 텔레비전 프로그램을 시청하도록 할거야. 나는 네가 긴장을 풀고, 유쾌한 무언가에 집중할 것을 권유하고 싶어. 만약 네가 이미 자해를 했다면, 나는 너에게 수치심이나 약함을 느끼지 말고, 그 일이 다시 일어나지 않도록 노력했으면 좋겠다고 말하고 싶어.

역할극에서 상담자는 청소년 내담자의 역할을 맡고, 청소년 내담자는 세 명의 다른 사람의 역할을 차례로 맡도록 요청하라.

- 교사, 가족의 친구, 가장 좋아하는 이모 또는 부모와 같은 어른 인물. 이들은 청소년 내담자가 존경하고, 그들이 공정할 것임을 알 수 있는 사람이어야 한다. 만약 내담자가 그들의 실생활에서 그런 인물을 모른다면, 자질을 가진 사람을 만들어 내거나 TV, 영화 또는 책에서의 역할을 사용해야 한다. '역할 인물'이 되면, 청소년 내담자는 상담자에게 그 사람의 목소리로, 청소년 내담자의 삶을 어떻게 더 좋게 바꿀 수 있는지에 대한 조언을 포함하여 그들이 청소년 내담자의 자해를 어떻게 이해하고 바라보는지에 대해 이야기하도록 장려된다.(5분 동안)
- 가깝고, 다정한 친구와 같이 청소년 내담자가 깊이 신뢰하고, 무슨 일이 있어도 청소년 내담자를 받아들이는 누군가 (만약 그들이 그런 사람을 생각해 낼 수 없다면, 그런 친구를 창조해야 한다). '이 친구는 내담자를 어떻게 보는가?', '자해가 그들에게 어떻게 영향을 미쳤는가?', '그들의 생각과 감정은 무엇인가?', '그들은 현재와 미래에 대해 어떤 조언을 하는가?', 다시 말하지만 청소년 내담자는 그 친구의 '역할로서' 이 질문에 대답하도록 격려되어야 한다.(5분 동안)
- 청소년 내담자의 더욱 성숙하고 현명한 버전. '그들은 그들의 더욱 어린 자신에게 무엇을 말할 것인가?', '그들은 어떤 조언을 해 줄 것인가?'(5분 동안)

마지막으로 함께 토론한 내용을 되돌아보며 생각해보는 5분의 시간을 보내고 청소년 내담자에게 그들이 이번 활동으로부터 배운 것에 대하여 적어보도록 요청하라.

활동: 미래에 대해 생각하기

'활동지 18: 미래에 대해 생각하기'를 내담자에게 나눠 주어라. 이번 활동의 목표는 청소년 내담자로 하여금 그들이 자신의 미래와 자신의 인생에서 자해의 장기적인 영향에 대해 생각할 수 있도록 하기 위함이다. 따라서 이번 활동 또한 또 다른 동기 부여 활동이다.

미래에 대해 생각하기: Katy

상담자가 Katy에게 자신의 자해 행동의 장기적인 영향에 대해 생각해 보도록 요청했을 때, 그녀는 미래의 남편 또는 자녀가 그녀의 상처로 뒤덮인 몸을 보는 것을 자신이 얼마나 원하지 않을지 말했다. 그녀는 또한 그녀가 어느 날 심각한 감염을 입거나 우연히 너무 깊이 신체를 긋거나 너무 많은 약을 복용하게 될까봐 두려움을 느꼈다. 자신의 자해 행동을 가족에게 비밀로 하는 것은 수치심을 느끼게 하였고, 그녀는 가족들이 그녀가 자해를 하는 것을 발견하는 것에 대해 두려움을 느껴, 종종 자신의 부모와 형제들을 몰아세웠다. 그 결과 Katy는 그녀와 그녀의 가족 사이에 점점 더 커지는 분리를 느꼈고 미래에 그녀가 가족들로부터 고립될까봐 걱정하였다.

3회기 종결

- 과제: 이것은 다뤄진 모든 모듈에서 활용될 수 있고, 당신이 청소년 내담자의 동기에 대해 작업하고 있는지에 달려있을 것이다. 만약 당신이 동기에 초점을 맞추지 않고, 이 회기를 주로 평가로서 본다면, 당신은 청소년 내담자에게 그들 자신의 강점을 식별하기 위한 자기관찰을 하면서 일주일을 보내도록 요청할 수도 있다. 이를 위한 조언으로는 누군가가 그들에게 칭찬할 때 적어두는 것이나 친구에게 그들이 생각하기에 내담자가 무엇에 뛰어난지에 대해 묻는 경우를 포함할 수 있다. 그들은 몇 명의 친한 친구들(또는 가족 구성원들)에게 각자 그들이 좋아하는 청소년 내담자의 세 가지 자질이 무엇인지 물어보고 다음 회기에 이 내용을 가져올 수 있다. 추가로 당신은 청소년 내담자에게 그들 자신에 대해 그들이 인식하는 세 가지 강점을 고르도록 하고 이러한 특정한 강점을 입증하기 위한 증거와 사례를 기록하면서 일주일을 보내도록 요청할 수 있다. 만약 당신이 동기에 대해 작업을 하고 있다면, 활동지 17에 있는 편지쓰기 부분 그리고 미래를 생각하는 활동 두 가지 과제를 설정해라. 후자는 그들의 동기를 강화하고 그들의 목표와 연결할 수 있기 때문에 청소년 내담자가 이미 자해를 중단할 동기를 가졌다하더라도 유용한 작업이 될 수 있다. 그리고 이 작업은 두 가지 대안적인 미래, 즉 그들이 자해를 계속하는 미래와 그들이 더 이상 자해를 하지 않는 미래를 고려하도록 유도함으로써, 청소년 내담자가 변화할 준비가 되었는지 아닌지에 대해 생각해 볼 수 있는 또 다른 기회를 제공한다.
- 피드백

참고 문헌

1. Bridge, J.A., Goldstein, T.R. and Brent, D.A. (2006) Adolescent suicide and suicidal behaviour. *Journal of Child Psychology and Psychiatry* 47, 372-394.
2. Fergusson, D.M., Woodward, L. and Horwood, L.J. (2000) Risk factors and life processes associated with the onset of suicidal behaviour during adolescence and early adulthood. *Psychological Medicine* 30, 23-39.
3. Agerbo, E., Nordentoft, M. and Mortensen, P.B. (2002) Familial, psychiatric and socioeconomic risk

factors for suicide in young people: a nested case control study. *British Medical Journal 325*, 74-77; Brent, D., Perper, J.A., Moritz, G. and Liotus, L. (1994) Familial risk factors for adolescent suicide: a case-controlled study. *Acta Psychiatrica Scandinavica 89*, 52-58; Hawton, K., Rodhan K., Evans E. and Weatherall R. (2002) Deliberate self-harm in adolescents: self report survey in schools in England. *British Medical Journal 325*, 1207-1211.

4. Bridge, J.A., Goldstein, T.R. and Brent, D.A. (2006) Adolescent suicide and suicidal behaviour. *Journal of Child Psychology and Psychiatry 47*, 372-394; Chitsabesan, P. and Harrington, R. (2003) Predicting repeat self-harm in children – how accurate can we expect to be? *European Child Adolescent Psychiatry 12*, 23-29.

5. Ougrin, D., Ng, A.V. and Low, J. (2008) Therapeutic assessment based on cognitive-analytic therapy for young people presenting with self-harm: pilot study. *Psychiatric Bulletin 32*, 423-426.

6. Hawton, K., Arnesman, E., Townsend, E., Bremner, S., Feldman, E., Goldney, R., Gunnell, D., Hazell, P. and Van Heeringen, K. (1998) Deliberate self-harm: systematic review of efficacy, of psychosocial and pharmacological treatments in preventing repetition. *British Medical Journal 327*, 441-447.

7. Rollnick, S. and Miller, W.R. (1995) What is motivational interviewing? *Behavioural and Cognitive Psychotherapy 23*, 325-334.

8. Bell, L. (2003) Managing Intense Emotions and Overcoming Self-destructive Habits: A Self-help Manual. London: Routledge.

청소년 내담자를 위한 유인물: 3회기

　상담실 밖에서 당신이 맺는 관계들은 회복을 위해 매우 중요하다. 이뿐만 아니라, 당신이 지금 자해를 중단하는 것에 대해 얼마나 동기 부여가 되어있는지 보는 것은 중요하다.

　감정은 우리의 친구이며, 모든 감정은 존재 이유가 있다. 감정은 때로는 의사소통을 위해, 때로는 우리가 변화를 만드는 것을 돕기 위해 존재한다.

　자해는 종종 분노, 좌절, 절망 또는 슬픔과 같은 압도적인 감정을 관리하는 방법 중 하나로 간주된다. 때로는 이러한 감정이 너무나 강렬해서 화산처럼 넘쳐흐를 것 같고, 관리할 수 없을 만큼 너무 강력하게 느껴질 수 있다. 우리가 이러한 감정을 경험할 때, 우리는 대개 감정을 관리하기 위한 방법을 찾으려고 시도한다. 우리는 압도적인 감정에 대한 통제감을 갖기 위해서 우리의 감정을 '삼켜'버리거나 억제할 수 있고, 일부 사람들은 안도감을 얻기 위해 그들 스스로를 해할지도 모른다.

　일부 청소년 내담자는 이러한 강렬한 감정을 어떻게 설명할지 아는 것조차 어려울 수 있다. 당신이 짓누르거나 억제한 감정이 무엇인지에 대해 생각해 보아라.

관계의 중요성

　우리는, 특히 젊은 사람들 사이에서 자해를 일으키는 많은 요인이 있다는 것을 연구 결과를 통해 알고 있다. 예를 들어, 가족 문제, 부모(특히 어머니)와의 논쟁, 우울증이 있다. 당신의 관계 속의 문제를 개선시키기 위해 꺼내 보는 것과 자해하는 대신에 당신 주변의 지지 자원을 활용하는 것이 중요하다.

당신의 강점

　우리는 정기적으로 자해를 하는 사람들이 절망감을 느끼고, 자존감이 낮으며 문제 해결을 어렵게 느끼는 경향이 더 높음을 알고 있다. 이뿐만 아니라 많은 젊은 사람들이 자해에 상당히 얽매여 있을 수도 있고, 그들은 또한 자해를 '빼앗긴다'면 그것을 대체할 것이 없음을 걱정할지도 모른다. 자신의 강점을 파악하는 것이 자신이 무엇을 잘 할 수 있는지 확인하는 작업을 돕는다.

당신은 당신의 자해를 그만둘 준비가 되었는가?

　자해를 하는 사람들이 그들의 대처 방법에 대해 수치스러워하거나 당황스러워 할 수 있다는 것은 이례적인 일이 아니다. 하지만 청소년 내담자에게는 자해가 없는 그들의 삶에 대해서 생각하는 것 또한 어려울 수 있으며, 그들은 변화에 대해 복합적인 감정을 느끼거나, 심지어는 자해를 포기할 동기를 잃을 수도 있다. 그들이 변화할 수 없거나 변화할 준비가 되지 않음에는 많은 이유가 있다. 그렇다하더라도, 당신이 이러한 프로그램에 참여하기 시작했다는 것은 최소한 당신의 어떤 일부는 변화를 고려하고 있다는 것을 의미한다. 당신에게 있어서 자해를 포기하는 것에 대한 장단점이 무엇인지 생각해 보아라.

제2장

생각, 감정 그리고 행동

이 단원은 6개의 모듈로 나뉜다. 청소년 내담자가 개념을 얼마나 쉽게 이해하는 지에 따라서 각 모듈은 한 번 또는 두 번의 회기로 다뤄져야 할 것이다. 이 치료 단계의 전반적인 목표는 청소년 내담자로 하여금 CBT에 대한 더욱 명확한 이해 와 생각, 감정 그리고 행동 간의 연결을 발달시키고, 그들이 가지고 있는 도움이 되지 않는 사고방식을 인지함으로써 이러한 순환을 타개하는 것이다. 다음 몇 개 모듈의 초점은 사고에 도전하고, 더욱 균형 잡히고, 도움이 되는 사고방식을 찾 고, 그들의 문제에 대한 인지행동공식을 개발함으로써 그들이 이 시점에 어떻게 도달했는지를 종합하는 전략을 배우는 것이 목표이다(우리는 책 전체에서 '감정' 과 '정서'의 의미를 호환하여 사용하고 있음을 기억해라).

2장의 목표

4회기

이번 회기는 첫 번째, '모듈 8, 감정 일기에 대한 검토'와 두 번째, '만약 청소년 내담자가 우울한 경우(또는 그들의 감정 일기에 언급된 활동이 거의 없는 경우), 활동 계획 수립에 대한 소개', 두 파트로 나뉜다. 만약 청소년 내담자가 일상적인 한 주 동안 꽤 많은 활동에 이미 참여하고 있거나 그들이 활동을 피할 만큼 우울 하지 않다는 이유 등으로 활동 계획이 작성되어 있지 않다면, 당신은 이 회기에 '모듈 9, 도움 삼각형'을 활용할 수 있다. 구체적인 목표는 다음과 같다.

- 청소년 내담자가 나타낸 감정 및 감정의 강도와 빈도를 보기 위한 감정 일기 검토와 논의(모듈 8)
- 무력감과 쾌감의 결핍과의 관계 그리고 성취감의 결핍과 적은 활동량의 관계 를 확인하기(이 작업의 목표는 감정 일기에서 누락된 부분이 무엇인지 확인하 면서 한 주의 재미있는 활동과 성취 활동의 통합을 시작해 보는 것이다.)(모듈 8 계속)

5회기

- 인지행동 연결 모델과 '도움 삼각형' 개념을 소개하기(모듈 9)
- 자동화된 부정적 사고(NATs)와 도움 삼각형(모듈 10)

6회기

- 사고의 왜곡을 확인하기 위해서 도전적 사고, 사고를 지지하는 또는 반대되는 증거 그리고 대안적 사고방식을 포함한 인지적 재구조화 소개하기(모듈 11)

7회기

- 핵심 신념과 역기능적 사고 확인하기(생활 규칙. 이 회기는 만약 청소년 내담자가, 특히 그들의 어려움에 대한 통찰이 있거나, 내담자가 나이가 많아 인지적으로 성숙한 또는 매우 우울한 경우에 사용된다.)(모듈 12)

8회기

- 청소년 내담자가 인지행동 공식화를 통해 자신의 행동 양식을 이해하는 것을 돕기 위해 그들의 과거와 현재의 경험, 근본적인 신념 그리고 현재 유지되는 요소 종합해 보기(모듈 13)

모듈 8-13 대한 심리학적 근거

젊은 층에서의 자해는 일반적으로 정신 의학적 문제의 맥락에서 발생한다. 연구에 따르면 약물을 과다 복용하는 청소년의 대부분이 주요 우울 장애를 진단받은 적이 있다. 또한 자해는 동반되는 불안과 관련이 있다. 자해와 관련된 문헌들은 2분법적 사고(흑백논리), 인지적 완고성, 역기능적 신념과 같은 인지적 왜곡을 포함한, 관련된 근본적 인지적 요소를 확인했다. 많은 청소년이 반복적인 자해에 관여하며, 청소년기의 이러한 반복적인 자해는 우울증을 비롯한 광범위한 심리적 요인과 관련이 있다. 이러한 요인은 절망감, 특성 분노, 낮은 자존감 그리고 본인이 평가한 문제 해결 능력 부족을 포함한다.

이러한 증거를 뒷받침하기 위해서, 이 책의 2장에서는 자해 문제를 유지하도록 작용하는 우울 증상과 인지 요인에 중점을 둔다. 이것은 청소년이 경험하는 다양한 감정을 식별하고, 그들의 자해 지속의 원인이 되는 다른 정신 건강 문제를 고려할 수 있도록 고안되었다.

참고 문헌

1. Kurfoot, M., Dyer, E., Harrington, V., Woodhan, A. and Harrington, R. (1996) Correlates and short term course of self-poisoning in adolescents. *British Journal of Psychiatry 168*, 38-42.

2. Meltzer, H., Harrington, R., Goodman, R. and Jenkins, R. (2001) *Children and Adolescents who Try to Harm, Hurt or Kill Themselves*. Newport: Office for National Statistics.

3. Schotte, D.E. and Clum, G.A. (1987) Problem-solving skills in suicidal psychiatric patients. *Journal of Consulting and Clinical Psychology 55*, 49-54.

4. Ellis, T.E. and Ratcliffe, K.G. (1986) Cognitive characteristics of suicidal and non-suicidal psychiatric inpatients. *Cognitive Therapy and Research 10*, 625-634.

5. Beck. A. and Steer, R.A. (1993) Dysfunctional attitudes and social ideation in psychiatric outpatients. *Suicide Life Threat Behaviour 23*, 11-20.

이 회기는 두 개의 모듈(8, 9)로 나뉜다. 모듈 8은 감정을 관찰하는 것에 초점을 맞춘 후 사고와 행동을 확인하도록 이끈다. 모듈 9는 이러한 것들을 다루는 전략을 탐색한다.

4회기: 상담자를 위한 참고 자료

- 활동 계획하기
- 즐거운 활동 늘리기
- 생각, 감정 그리고 행동의 연결고리(도움 삼각형)

——— 모듈 8: 감정 일기 검토와 활동 계획하기

목표

이 모듈은 청소년 내담자가 특히 슬픔(우울), 낮은 자존감, 화 그리고 무력감과 같은 그들의 감정을 확인하고 행동 활성화, 인지적 관찰과 재구조화를 통해 이러한 감정을 다룰 수 있도록 돕는 것을 목표로 한다. 상담자는 청소년 내담자가 그들의 생각, 감정 그리고 행동 사이의 연결 고리를 능숙하게 알아차릴 수 있도록 도와야 한다.

의제

1. 지난 회기와 연결
2. 과제 검토(감정 일기 검토)
3. 청소년 내담자가 가져오는 사안(이에 관한 이전 기록을 참조하라.)
4. 회기의 핵심 주제
5. 과제 계획
6. 피드백

회기의 핵심 주제

감정 일기 검토 활동을 하는 동안, 당신은 청소년 내담자가 그들의 일기에서 어떤 감정을 식별하였지 알아보고 그 감정의 강도와 빈도 그리고 반복되는 주제에 대해서 논의하게 될 것이다. 이는 '도움 삼각형' 활동에 사용하기 위한 적절한 예시(많은 감정을 유발하는 상황)를 들기 위함이다.

이러한 논의를 위하여 다음 질문을 사용할 수 있다.

- 동일한 감정이 자주 떠오르나요?
- 하루 중 너 기분이 나쁜 특정한 시간이 있나요? 만약 있다면, 그 시간대의 공통점이 무엇인가요?
- 한 주 중 당신이 즐거운 순간이 있나요?
- 한 주 중 당신이 성취감을 느끼는 순간이 있나요?

만약 청소년 내담자가 기분을 '저조함'으로 평가하고, 감정 일기에 적은 활동을 기록하거나, 즐거움이나 성취감을 충분히 느끼지 못한다면, 모듈 9로 진행하기 전에 '활동 계획하기'로 넘어가라. 청소년 내담자가 기분이 좋다고 자각하며 계속해서 즐거운 활동을 한다면 바로 모듈 9로 넘어가라.

활동: 활동 계획하기

청소년 내담자에게 이 활동을 하는 합당한 근거에 대해 설명하라. 활동 계획하기의 목표는 기분 증진 활동에 최대한 많이 참여하도록 만드는 것이다. 청소년 내담자에게 우울증 또는 저조한 기분과 무력감이 악순환이 될 수 있다는 것을 설명하라. 이러한 악순환은 당신을 정신적, 신체적으로 쇠약해지게 만들며 모든 일이 힘들게 느껴지도록 만든다. 당신은 쉽게 피곤해지고, 적게 활동하며, 적은 활동을 하는 것에 대해 스스로를 비난한다. 자신은 아무것도 할 수 없다고 믿게 되며 절대 이러한 악순환을 이겨낼 수 없다고 믿게 된다. 그리고 이런 생각은 당신을 심지어 더 우울하게 만든다. 어떤 것이든 하기가 더욱 더 힘들어진다. 그리고 이것은 계속된다.

더 활동적이게 사는 것은 이러한 악순환을 끊을 수 있는 방법 중 하나이다.
활동적으로 행동하는 것은 당신을 돕는다.

- 더 기분이 좋게 하고 덜 피곤하게 한다.
- 더 할 수 있다는 동기를 부여한다(하루 동안 할 활동을 글로 기록하면 부담이 덜 하다).
- 사고력을 증진시킨다.
- 시간을 구조화하고 다시 인생을 주도적으로 살고 있다고 느끼도록 돕는다.
- 그동안 잊고 살았던 즐겁고 신나는 활동을 증가시킨다.
- 성취감을 느끼게 하는 것과 즐거운 것 사이의 균형을 잡을 수 있도록 한다.

청소년 내담자와 함께, 한 주 동안의 일기를 살펴보고 기분이 좋지 않았거나 즐거움 또는 성취감이 부족하다고 느꼈거나 적게 활동했다고 느꼈던 순간들 사이의 연결 고리가 대체로 무엇이었는지 알아보아라. 그들에게 즐거움이 될 만한 활동이 어떤 것들이 있을지 함께 생각해 보아라.

재미있을 만한 활동 또는 과거엔 즐거웠을지도 모르는 크고 작은 어떤 활동이라도 찾아내기 위해 당신이 함께 노력할 것임을 설명하라. 이와 함께 당신은 Linehan의 제안 중 몇 가지를 공유해야 한다. 일반적인 예시로 요리하기, 잡지 읽기, 쇼핑하기, 산책하기, 그림 그리기, 통화하기 그리고 친구를 만나러 가기 등이 포함되지만, 표 3에 더 확장된 목록이 서술되어 있으며 이것은 또한 청소년 내담자가 그들의 의견을 추가하거나 목록에 표시할 수 있도록 부록의 활동지 활용이 가능하다(활동지 19: 긍정적이고 즐거운 활동). 활동은 그 어떤 것도 될 수 있으며, 매우 작은 일이라도 상관없다는 사실을 강조하라.

1. 욕조에 몸 담그기	41. 내 방 가구 새로 배치하기
2. 미래에 할 활동을 계획하기	42. 집안을 돌아다니며 노래 부르기
3. 휴식하기	43. 외식하기
4. '혼자'만의 시간 가지기	44. 새로 머리하기
5. 음악 듣기	45. 나는 괜찮은 사람이라고 생각하기
6. 영화 보기	46. 오래된 친구 만나기
7. 산책하기	47. 스케이트 타기
8. 햇볕을 받으며 누워있기 휴가를 알아보기 또는 예약하기	48. 유머러스한 책 읽기
9. 재밌거나 행복한 추억 떠올리기	49. 잠 자기
10. 웃기	50. 악기 연주하기
11. 다른 사람의 이야기 듣기	51. 시나 글 쓰기
12. 잡지나 책 읽기	52. 손톱 관리 받으러 샵에 가기
13. 사람들과 이야기하기	53. 사진 찍기
14. 조깅하기	54. 몽상에 잠기기
15. 쇼핑하기	55. 가장 좋아하는 텔레비전 프로그램 보기
16. 친구와 만날 약속 잡기	56. 자전거 타기
17. 낙서하기	57. 선물 사기
18. 식물 또는 반려동물 돌보기	58. 과제 완료하기
19. 새로운 사람 만나기	59. 내가 좋아하는 사람과 데이트를 하면 어떨지 상상하기
20. 복권에 당첨되면 무엇을 할지 계획하기	60. 즐거운 사건 생각하기
21. 손톱에 매니큐어 바르기	61. 창의적인 일 하기
22. 일기 쓰기	62. 춤추기
23. 퍼즐 맞추기	63. 목표를 향해 한 발자국 나아가기

24. 소풍가기	64. 무언가 한 후에 '나 꽤 잘했다'고 생각하기
25. 내가 그날그날 성취한 일들 돌아보기	65. 명상하기, 마음챙김 훈련하기, 호흡 훈련하기
26. 가끔 스스로를 위한 선물 사기	66. 카드놀이 하기
27. 통화하기	67. 흥미로운 토의하기
28. 요리하기	68. 스스로와 긍정적인 대화하기
29. 마사지받기	69. 지역사회에서 봉사활동 하기
30. 나의 장점에 대해 스스로 상기하기	70. 전 세계에서 내가 가장 방문하고 싶은 최고의 장소가 어딘지 찾고 여행 계획하기
31. '임의의 선행'으로 누군가 놀라게 하기	
32. 볼링치기	71. 하루 동안 새로운 곳 가보기
33. '오늘의 선행'하기	72. 휴대전화나 태블릿컴퓨터로 게임하기
34. 카페에 앉아서 사람들 관찰하기	73. 수족관이나 박물관 가기
35. SNS 하기	74. 좋은 경치 보기
36. 새로운 일하기	75.
37. 반려동물 껴안기	76.
38. 무언가 만들기	77.
39. 그림 그리기	78.
40. (행복한) 옛날 사진 보기	79.

자료: Linehan(3)으로부터 수정

표 3 긍정적이고 즐거운 활동

청소년 내담자에게 다음 주까지 그들이 작성한 활동 계획서를 실천할 것이라고 설명하라. 이 계획서는 활동을 하기 이전에 매일매일을 시간대별로 계획하기 위해 사용된다. 목표는 활동 수준을 증가시키고 숙달도와 즐거움을 최대화하는 것이다. 이 전략은 다양한 방식으로 유용하지만, 특히 청소년 내담자로 하여금 만족스러운 활동의 비율을 높이고 그들의 인생에 대한 통제력을 촉진시키기 위해 고안되었다. 그러므로 청소년 내담자에게 성취감을 주는 활동과 즐거운 활동을 매일 적어도 각각 하나씩 추가하게 될 것이라고 말하라. 활동의 종류에 따라 당신과 청소년 내담자는 함께 몇 개의 작은 즐거움과 성취감을 주는 활동을 할 것인지 아니면 더 큰 하나를 선택할 것인지 결정하게 될 것이다.

다음으로, '활동지 20: Cassie의 활동 계획서'를 살펴보고 청소년 내담자와 함께 논의하라. 당신도 보게 되겠지만, Cassie가 전형적인 활동을 대신해 선택한 즐거운(P) 또는 성취감을 주는(A) 활동 예시가 기존의 활동 아래에 기울임체로 서술되어 있다. 때때로 성취감을 주는 활동은 힘든 시기를 다루기 위한 방법의 하나로 사용되어 왔다. 예를 들어, 걱정(회기에 가져올, 걱정에 대해 적어보는 활동)이 있다.

Cassie의 계획에 대해 논의한 후 Cassie가 그러하였듯이 청소년 내담자가 참여할 수 있는 몇 가지 즐거운 활동을 찾고, 다음 주의 요일별 활동을 계획해 보아라.

'활동지 21: 빈 활동 계획서'를 이용하여 회기가 진행되는 동안 함께 계획서를 작성하라. 나머지는 청소년 내담자가 과제로 해 올 수 있다. 매일 하루 일과를 상세하게 계획하기는 어려울 수 있지만, 청소년 내담자는 하루의 시작과 끝에, 집에서 이를 완성할 수 있다. 중요한 것은 다가올 한 주에 대하여 하루에 하나씩 즐거움과 성취감 모두를 주는 활동에 대해 개략적인 생각을 한다는 것이다.

이를 마쳤다면, 청소년 내담자에게 이러한 활동을 수행하는 데 있어 겪을 수 있는 장애물 혹은 문제가 있는지 물어 보아라. 그들이 할 수 있다면, 문제를 해결하려고 노력하라. 이는 시간이 맞지 않는다거나 활동이 타인의 의사결정에 달려 있는 경우일 수 있다. 이러한 경우라면, 차선책을 만들어라. 다음의 팁이 도움이 될 것이다.

- 유연해져라. 제시된 것은 단지 지침일 뿐이다. 예상치 못한 일이 발생할 수 있다. 계속해서 진행해라.
- 대안을 생각하라. 불가능한 상황을 대비해서 최선책과 차선책을 만들어라.
- 당장 주어진 과제에 집중하라. 더 활동적이기 위해 계속해서 노력하면 결국 기분이 나아질 것이다. 한 번에 모든 일이 일어나길 기대하지 마라.
- 당신은 항상 무언가를 하고 있지만, 활동 중 당신에게 가장 적합한 것이 무엇인지 생각해 보아라. 침대에 누워 있는 것만큼이나 의자에 앉아 잡지를 읽는 것도 하나의 활동이지만 이러한 활동이 당신에게 가장 큰 만족감을 주는 활동은 아닐 수 있다.

시간 \ 요일	월요일
오전 8-9시	잠에서 깨 침대에 누워 있음 슬픔 9 *일어나서 차를 끓이고 아침을 요리함(P)*
오전 9-10시	늦게 일어나서 학교에 지각함 슬픔 7
오전 10-11시	영어 수업을 들음 걱정 4
오전 11-12시	여전히 수업을 들음 걱정 5 *걱정 목록을 만들고 수업에 집중하기 위해 최선을 다해 노력함(A)*
오후 12-1시	홀로 점심 식사를 함 슬픔 10
오후 1-2시	친구들과 체육 수업을 들음 걱정 8
오후 2-3시	영어 수업을 들음 좋음 5
오후 3-4시	학교에서 집으로 귀가함 좋음 6 *나중을 위해 잡지와 군것질거리를 삼(P)*

오후 4-5시	엄마와 차를 마심 짜증 7	
오후 5-6시	내 방으로 올라옴 절망 8 *방을 정리하고 가구 위치를 바꿈(A)*	
오후 6-7시	언니와 대화함 행복 6	
오후 7-8시	가족과의 저녁 식사를 함 지루함 7	
오후 8-9시	텔레비전을 시청함 편안함 8	
오후 9-10시	*잡지와 핫초코와 함께 따뜻한 거품 목욕을 함(P)*	
오후 10-11시	침대에 누움 걱정 8	
오후 11-12시	잠이 오지 않음 걱정 10	

표 4 Cassie의 활동 계획서

4회기 종결

- 과제: 청소년 내담자는 회기에서 작성하기 시작한 즐겁고 성취감을 주는 활동이 포함된 활동 계획서를 집으로 가져 간다. 그들은 한 주 동안 이를 완성해 와야 한다.
- 피드백

다음 모듈은 청소년 내담자가 저조한 기분이나 무력감을 느끼지 않은 경우, 감정 일기의 평가에 이어서 진행되고 청소년 내담자가 우울감을 느끼는 경우 활동 계획서 작성 이후에 진행될 것이다.

━━ 모듈 9: 도움 삼각형

목표

이 활동의 목표는 '감정이 고조된' 상황을 '도움 삼각형'에 있는 생각, 감정 그리고 행동으로 나눠 보는 것이다. 이 활동은 생각, 감정, 행동 간 연결고리를 찾을 수 있게 하고, 각각의 요소가 부정적인 감정을 어떻게 증가시키고 종종 고통의 악순환을 야기하는지 알 수 있게 해 줄 것이다. 삼각형의 각 꼭짓점에는 생각, 감정 그리고 행동이 있다. 종이의 맨 위에 상황을 써서 삼각형의 각 꼭짓점(청소년 내담자의 반응)이 어떤 상황을 말하고 있는지 분명하게 할 수 있다.

활동: 도움 삼각형

청소년 내담자에게 '우리가 지금까지 너의 감정 일기를 살펴보았는데, 한 주 동안 때때로 네가 x, y 그리고 z라는 감정을 가장 강하게 느낀 것 같구나. 우리 함께 Mark의 도움 삼각형을 살펴보고 너의 감정 x에 집중해서 그 시기에 무슨 일이 일어났는지 알아보자'고 말하라.

이 활동을 설명하기 위해 '활동지 22: Mark의 도움 삼각형'(그림 5)을 사용하고, 상황이 어떻게 생각, 감정 그리고 행동으로 나뉘는지에 대해 논의하라.

Mark의 상황과 이에 대한 그의 설명에 대해 논의하라. '상황을 바라보는 다른 방법이 있었을까?' 와 'Mark가 [다른 해석]을 생각할 수 있었다면 그렇게 많이 화가 났을까?'와 같은 촉발 질문을 하라.

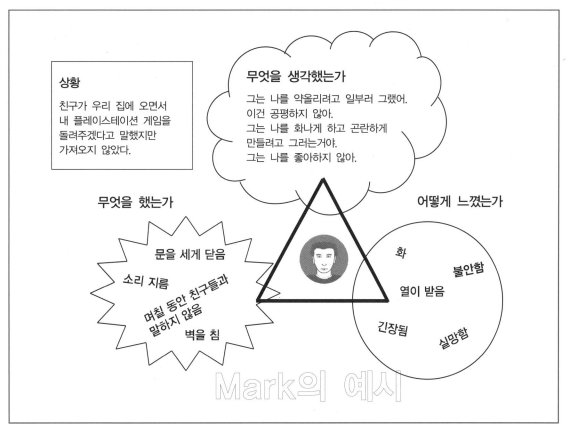

그림 5 Mark의 도움 삼각형

Mark의 행동과 반응이 전적으로 사건에 대한 그의 해석과 그와 관련된 분노라는 감정의 결과라는 사실을 강조하라. 그는 그의 즉각적이고 자동적인 생각에 의문을 갖지 않고 그 감정과 그 감정과 관련된 행동에 휩쓸려 분노와 고통의 수준을 유지했다. Mark의 행동으로 인해 뒤따를 수 있는 결과에 대해 Mark가 느낄 수 있는 생각이나 감정 그리고 일어날 수 있는 환경적 결과를 청소년 내담자와 함께 논의해 보아라.

이제 청소년 내담자의 예시로 넘어가라. 그들에게 당신이 그들의 실제 생활에서의 예시 중 하나를 똑같이 할 것이라고 말하라. 만약 감정 일기를 완료하지 않았다면, 최근의 새로운 사건에 대해 논의하라. 예를 들어, '최근에 감정 척도에서 5가 넘어가는 불안, 슬픔, 분노와 같은 불쾌한 감정이 북받친 경험이 있나요?'라고 질문하라. 감정, 사건 그리고 생각은 서로 다른 것이라는 사실을 강조하라.

상황을 감정, 사건 그리고 생각으로 구분하기 위해 '활동지 23: 빈 도움 삼각형'을 사용하여 선택된 예시에 대해 상세하게 논의하라. 다음의 질문이 이 과정을 도울 것이다.

- 당신의 기분 변화를 깨달았을 때 당신에게 무슨 일이 일어나고 있었나요?
- 그 감정을 어떻게 설명할 수 있나요?
- 당신의 마음에 어떤 생각이 들었나요?
- 이 일에 나쁜 점은 무엇인가요?
- 이것이 당신에 대하여 어떤 점을 말해 주나요?
- 당신은 어떤 행동을 했나요?

4회기 종결

- 과제: 청소년 내담자에게 한 주 동안 몇 개의 도움 삼각형을 더 만들어 보라고 요청하라. 몇 개의 복사본을 집에 두고 매일 저녁(또는 만약 그들이 몇 분 동안 조용히 앉아 있을 수 있다면 낮에) 그들이 강력한 감정 또는 그들이 느끼는 방식에 변화를 알아차렸을 때의 사건에 대해 생각해 보라고 제안하라. 그 후 그들은 생각과 행동으로부터 감정을 구분하는 것 이상의 과정을 거칠 수 있어야 한다. 청소년 내담자는 사건이 발생한 직후 가능한 빨리 삼각형을 만들도록 해야 한다.
- 피드백

참고 문헌

1. Hawton, K., Arensman, E., Townsend, E., Bremner, S., Feldman, E., Goldney, R., Gunnell, D., Hazell, P. and Van Heeringen, K. (1998) Deliberate self-harm: systematic review of efficacy, of psychosocial and pharmacological treatments in preventing repetition. *British Medical Journal* 317, 441-447.
2. Linehan, M. (1993) *Cognitive Behaviour Treatment of Borderline Personality Disorder*. New York: Guilford Press.
3. Ibid.
4. Hawton, K., Salkovskis, P.M., Kirk, J. and Clark, D.M. (1989) *Cognitive Behaviour Therapy for Psychiatric Problems: A Practical Guide*. Oxford: Oxford Medical Publications.
5. Linehan, *op. cit.*

청소년 내담자를 위한 유인물: 4회기

활동 계획하기

활동 계획의 목표는 당신의 기분 증진 활동 참여를 높이는 것이다. 우울증 또는 저조한 기분 그리고 무력감은 악순환될 수 있다. 이러한 악순환은 당신을 정신적, 신체적으로 쇠약해지게 만들며 모든 일이 힘들게 느껴지도록 만든다. 당신은 쉽게 피곤해지고, 적게 활동하며, 적은 활동을 하는 것에 대해 스스로를 비난한다. 자신은 아무것도 할 수 없다고 믿게 되며 절대 이러한 악순환을 이겨낼 수 없다고 믿게 된다. 그리고 이런 생각은 당신을 심지어 더 우울하게 만든다. 어떤 것이든 하기가 더욱 더 힘들어진다. 그리고 이것은 계속된다.

더 활동적이게 사는 것은 이러한 악순환을 끊을 수 있는 방법 중 하나이다.
활동적으로 행동하는 것은 당신을 돕는다.

- 더 기분이 좋게 하고 덜 피곤하게 한다.
- 더 할 수 있는 동기를 부여한다(하루 동안 할 활동을 글로 기록하면 부담이 덜 하다).
- 당신의 사고력을 증진시킨다.
- 시간을 구조화하고 당신이 다시 인생을 주도적으로 살고 있다고 느끼도록 돕는다.
- 그동안 잊고 살았던 즐겁고 신나는 활동을 증가시킨다.
- 성취감을 느끼게 하는 것과 즐거운 것 사이의 균형을 잡을 수 있도록 한다.

기억하라.

- 유연해져라. 제시된 것은 단지 지침일 뿐이다. 예상치 못한 일이 발생할 수 있다. 계속해서 진행해라.
- 대안을 생각하라. 불가능한 상황을 대비해서 최선책과 차선책을 만들어라.
- 당장 주어진 과제에 집중하라. 더 활동적이기 위해 계속해서 노력하면 결국 기분이 나아질 것이다. 한 번에 모든 일이 일어나길 기대하지 마라.
- 당신은 항상 무언가 하고 있지만, 활동 중 당신에게 가장 적합한 것이 무엇인지 생각해 보아라. 침대에 누워있는 것만큼이나 의자에 앉아 잡지를 읽는 것도 하나의 활동이지만 이러한 활동이 당신에게 가장 큰 만족감을 주는 활동은 아닐 수 있다.

5회기: 상담자를 위한 참고 자료

- 자동화된 부정적 사고(NATs)
- 인지적 편향을 식별하고 알아차리기

━━ 모듈 10: 자동화된 부정적 사고(NATs)

목표

이 모듈의 목표는, 특히 NATs가 무엇인지 이해하고 그것이 떠오를 때 감정과 청소년 내담자가 경험하는 NATs의 특정 주제 사이의 연결 고리를 깨닫기 위한 '생각 탐정'이 되는 것이다. 만약 4회기 때 도움 삼각형(모듈 9)을 소개할 시간이 없었다면 지금 그것을 시작하라.

의제

- 지난 회기와 연결
- 과제 검토
- 청소년 내담자가 가져오는 사안
- 회기의 핵심 주제
- 과제 계획
- 피드백

회기의 핵심 주제

청소년 내담자에게 인지행동 치료의 주요 원칙을 상기시켜 주어라. 그 원칙은 개인이 행동하는 방식이 즉각적인 상황과 그 상황에 대한 개인의 해석으로 인해 결정된다는 것을 말한다. 청소년 내담자에게 우리의 정신은 항상 바쁘다는 사실을 설명하라. 우리가 행동할 때 사고에 주의를 기울인다면 우리의 머릿속에서 '중계 방송'이 진행되고 있는 것처럼 보일 수 있다. 우리는 우리 주변에서 무슨 일이 일어나는지, 자기 자신 그리고 타인 등 모든 종류의 것에 대한 생각을 한다. 이러한 생각은 긍정적이거나 부정적일(또는 둘 다) 수 있지만, 기분이 저조하거나 자신감이 결여되어 있을 때 이 생각은 극도로 부정적이고 끊임없이 지속될 수 있다. 우리 모두가 때때로 이런 식으로 생각을 하지만 기분이 특히 더 좋지 않고, 우울하거나 불안할 때 우리의 사고 경향성은 극도로 부정적으로 편향된다. 이럴 때 우리의 생각은 부정적이고 습관적이며 빠르기 때문에 파악하기 매우 어려울 수 있다. 이러한 생각이 자동적이고 무의식적이라는 사실은 또한 '통제'하기 어렵다는 의미이기도 하다.

저조한 기분을 악화시키는 특정한 문제는 사고가 도움이 되지 않으면서도 그럴 듯 할 때, 특히 강력한 감정을 동반하여 직면하기 어려울 때이다. 우리는 이것을 NATs(자동화된 부정적 사고)라 부른다. 이는 많은 요소로 인해 유발될 수 있으며 (치료 자체를 포함하여) 우리의 감정과 행동에 직접적인 영향을 미치고 심지어 우리가 더 괴로운 감정을 느끼게 하기 때문에 확인되고 다루어져야만 한다. 이러한 사고는 대개 사실로 간주되며, 따라서 믿어지고, 고통스러운 감정이 더 오래 지속되게 만드는 경향이 있다.

청소년 내담자에게 NATs는 우리가 정보를 처리하는 방식의 편향으로 인한 것이라는 사실을 설명하라. 이는 우리가 부정적인 여과 장치의 한 형태를 통해 세상을 바라본다는 것을 의미한다. 다른 말로 경험에 대한 우리의 지각과 해석이 왜곡되어 있다는 것이다. 이러한 지각은 때때로 타당하지만 한 방향으로 너무 치우쳐 있을 수 있다.

다음의 생각이 우리가 우리 스스로를 바라보는 방식일 수도 있다.

- 나는 뚱뚱해.
- 나는 친구가 많아.
- 나는 감정의 기복이 너무 심해.
- 사람들이 생각하기에 나는 재미있는 사람이야.

다음의 생각은 우리가 우리의 행동에 대해 어떻게 판단하는지 그리고 어떻게 '지적'하는지에 관한 것일 수도 있다.

- 나는 복습을 잘 하지 않아.
- 나는 꽤 사교적이야.
- 나는 다른 사람들의 고민을 잘 들어줘.

다음의 생각은 미래에 대한 우리의 시각을 설명할 수 있다.

- 그 누구도 나와 어울리고 싶어 하지 않을 거야.
- 나는 시험에 떨어질 거야.

● 나는 전문적인 축구선수가 될 거야.

감정을 다루는 데 있어 가장 중요한 것은 일종의 '생각 탐정'이 되어서 우리가 강한 감정을 느낄 때 드는 생각을 알아차리기 시작하는 것이다. 기분이 나아지기 위해서 우리는 우리의 생각을 알아차리고 도움이 되는 사고와 도움이 되지 않는 사고를 구분한 다음, 반복되는 부정적 사고 몇몇의 타당성에 대해 의문을 제기할 필요가 있다.

이 단계에서 당신은 '활동지 5: CBT란 무엇인가?'로 돌아가서 생각과 감정의 연결고리에 대해 논의하는 데에 그것을 적절히 사용할 수 있다. 청소년 내담자에게 Cassie 자신, 미래 그리고 타인에 대한 그녀의 NATs를 보여 주고 이야기를 나누어라. 그 후 그들 자신의 NATs를 확인하도록 돕기 위해 아래의 활동을 완료하라.

> **Cassie의 그녀 자신, 미래 그리고 타인에 대한 몇몇 부정적인 생각**
>
> ● 나는 학업을 잘 따라가지 못해.
> ● 나는 시험에서 낙제할 거야.
> ● 그 누구도 나를 돌보아 주거나 사랑해 주지 않아.

활동: 자신의 NATs를 식별하라

이 활동을 하기 위해 개략적인 문제 상황을 읽어 보고 청소년 내담자와 함께 내담자가 보일 수 있는 감정적, 신체적 그리고 행동적 반응에 대해 생각해 보아라. 그 후 청소년 내담자가 보인 반응과 연결되는 내담자의 자동적 사고에 대해 생각해 보아라.

문제

당신은 친구와 함께 학교에서 점심을 먹고 있다. 그때 선생님 한 분이 다가와 당신에게 화가 난 목소리로 '점심을 다 먹으면 바로 내 사무실로 오렴'이라고 말한다. 당신은 어떤 반응을 보일까?

● 정서적
● 신체적
● 행동적

당신에게 어떤 자동적 사고가 떠오를까?

청소년 내담자가 NATs를 파악할 수 있다는 느낌이 들면, 또 다른 빈 도움 삼각형을 작성하거나 최근 발생한 사건(또는 도움 삼각형 예시)을 사용하여 내담자에게 그들의 사고로부터 NATs를 확인하라고 요청하라. 다시 말하지만, 각 꼭짓점의 생각, 감정, 행동을 강조하라.

그 다음 단계는 이 기술을 강화하고 실생활에서의 예시 완수를 계속하는 것이다. 시간적 여유에 따라 회기 동안 예시를 계속해서 작업할 수 있으며, 또는 과제로 내줄 수 있다.

계속해서 도움 삼각형을 사용하는 것을 연습해라. 감정의 북받침 또는 변화와 같은 일상적인 예시를 들고 한 주 동안 더 많은 삼각형을 채워 넣어라.

5회기 종결

- 과제: 청소년 내담자에게 한 주 동안 몇 개의 도움 삼각형을 더 만들어 보라고 요청하라.
- 피드백

참고 문헌

1. Hawton, K., Salkovskis, P. M., Kirtk, J. and Clark D. M. (1989) Cognitive Behaviour Therapy for Psychiatric Problems: A Practical Guide. Oxford: Oxford Medical Publications.
2. Ibid.

청소년 내담자를 위한 유인물: 5회기

자동화된 부정적 사고(NATs)

개인이 행동하는 방식은 즉각적인 상황과 그 상황에 대한 개인의 해석으로 인해 결정된다는 것이 인지 행동 치료의 주요 원칙이라는 것을 기억하라. 우리의 정신은 항상 바쁘다. 우리가 행동할 때 사고에 주의를 기울인다면 우리의 머릿속에서 '중계 방송'이 진행되고 있는 것처럼 보일 수 있다. 우리는 우리 주변에서 무슨 일이 일어나는지, 자기 자신 그리고 타인 등 모든 종류의 것에 대한 생각을 한다. 이러한 생각은 긍정적이거나 부정적일(또는 둘 다) 수 있지만, 기분이 저조하거나 자신감이 결여되어 있을 때 이 생각은 극도로 부정적이고 끊임없이 지속될 수 있다. 우리 모두가 때때로 이런 식으로 생각을 하지만 기분이 특히 더 좋지 않고, 우울하거나 불안할 때 우리의 사고 경향성은 극도로 부정적으로 편향된다. 이럴 때 우리의 생각은 부정적이고 습관적이며 빠르기 때문에 파악하기 매우 어려울 수 있다. 이러한 생각이 자동적이고 무의식적이라는 사실은 또한 '통제'하기 어렵다는 의미이기도 하다.

저조한 기분을 악화시키는 특정한 문제는 사고가 도움이 되지 않으면서도 그럴 듯 할 때, 특히 강력한 감정을 동반하여 직면하기 어려울 때이다. 우리는 이것을 NATs(자동화된 부정적 사고)라 부른다. 이는 많은 요소로 인해 유발될 수 있으며 (치료 자체를 포함하여) 우리의 감정과 행동에 직접적인 영향을 미치고 심지어 우리가 더 괴로운 감정을 느끼게 하기 때문에 확인되고 다루어져야만 한다. 이러한 사고는 대개 사실로 간주되며, 따라서 믿어지고, 고통스러운 감정이 더 오래 지속되게 만드는 경향이 있다.

NATs는 우리가 정보를 처리하는 방식의 편향으로 인한 것이다. 이는 우리가 부정적인 여과 장치의 한 형태를 통해 세상을 바라본다는 것을 의미한다. 다른 말로 경험에 대한 우리의 지각과 해석이 왜곡되어 있다는 것이다. 이러한 지각은 때때로 타당하지만, 한 방향으로 너무 치우쳐 있을 수 있다.

다음의 생각은 우리가 우리 스스로를 바라보는 방식일 수 있다.

- 나는 뚱뚱해.
- 나는 친구가 많아.
- 나는 감정의 기복이 너무 심해.
- 사람들이 생각하기에 나는 재미있는 사람이야.

다음의 생각은 우리가 우리의 행동에 대해 어떻게 판단하는지 그리고 어떻게 '지적'하는지에 관한 것일 수도 있다.

- 나는 복습을 잘 하지 않아.
- 나는 꽤 사교적이야.
- 나는 다른 사람들의 고민을 잘 들어줘.

다음의 생각은 미래에 대한 우리의 시각을 설명할 수 있다.

- 그 누구도 나와 어울리고 싶어 하지 않을 거야.
- 나는 시험에 떨어질 거야.
- 나는 전문적인 축구선수가 될 거야.

감정을 다루는 데 있어 가장 중요한 것은 일종의 '생각 탐정'이 되어서 우리가 강한 감정을 느낄 때 드는 생각을 알아차리기 시작하는 것이다. 기분이 나아지기 위해서, 우리는 우리의 생각을 알아차리고 도움이 되는 사고와 도움이 되지 않는 사고를 구분한 다음, 반복되는 부정적 사고 뒤에 숨겨진 사실에 대해 의문을 제기할 필요가 있다.

이 회기는 사고의 왜곡과 사고에 도전하기에 초점을 두는 하나의 모듈(모듈 11)로 구성되었다.

> **6회기: 상담자를 위한 참고 자료**
>
> • 사고의 왜곡
> • 사고에 도전하기
> • 생각 기록 완료하기

▬ 모듈 11: 사고의 왜곡과 사고에 도전하기

목표

이 모듈의 목표는 사고의 왜곡(위험 요소)을 파악하고 사고를 지지하거나 사고에 반하는 증거 찾기와 대안적이고 더욱 적응적인 사고방식을 포함한, 사고에 도전하기를 소개하는 것이다.

의제

- 지난 회기와 연결
- 과제 검토(도움 삼각형. 청소년 내담자에게 '어떻게 됐어요?'라고 질문하라. 문제가 있었는가? 혼란스러운 생각과 감정이 있었는지, 그들이 연습을 통해 깨달은 바가 무엇인지 확인하라.)
- 청소년 내담자가 가져오는 사안
- 회기의 핵심 주제
- 과제 계획
- 피드백

회기의 핵심 주제: 사고의 왜곡

청소년 내담자에게 그들이 그들의 생각을 식별하고, NATs에 중점을 두고, 그들의 부정적 사고가 그들의 감정과 행동에 미칠 수 있는 영향을 인지하는 경험을 어느 정도 했으니 이제부터 우리는 이 순환을 깨고 NATs에 도전할 방법을 찾아볼 것이라고 설명하라.

일부 내담자는 이 단계에서 부정적인 것에 집중하도록 요구되면서 다른 때보다 더 우울하다고 느낄 수 있다. 이러한 일이 일어날 수 있고 그 생각을 다루는 기술을 배우게 됨에 따라 빠른 시간 안에 우울한 감정이 다루어질 것이라고 설명하라.

그들의 과제(도움 삼각형의 예시)를 다시 보거나 회기 동안 청소년 내담자가 전 몇 주 동안 경험한 상황을 바탕으로 몇 개의 도움 삼각형을 더 완성해라. '반복적으로 등장하는 어떤 생각이나 사고 유형이 있는지 알겠니?'라고 질문함으로써 계속해서 떠오르는 생각의 주제를 파악하고 알아보아라.

청소년 내담자에게 때로 우리는 생각과 사실을 혼동하여 생각을 아무런 의심 없이 받아들일 수 있다고 말하라. '장밋빛 안경을 끼고 세상을 바라본다'는 표현은 안 좋은 상황에서도 모든 것을 희망적이게 또는 기분 좋게 바라보는 사람을 설명할 때 쓰인다는 것을 설명하라. 이는 비현실적이기 때문에 일종의 사고의 왜곡 또는 사고의 편향이다. 이러한 사람은 상황을 오직 하나의 관점으로 바라보며 상황의 부정적인 측면을 보지 않는다. 반대로 누군가는 '내 친구는 절대 전화하지 않아. 그 누구도 나와 이야기하거나 내 이야기를 듣고 싶어 하지 않아.'와 같은 부정적인 관점을 통해서만 상황을 바라볼 수 있다.

사고의 왜곡 또는 사고의 편향은 흔하고 도움이 되지 않는 사고방식이다. 모두가 이러한 왜곡을 사용하지만, 규칙적으로 발생하면 당신의 감정을 상하게 만들며 당신의 의사결정과 행동에 영향을 미친다. 유용한 전략은 이러한 생각이 사실인지 아닌지 알아보고 기분이 나아지도록 하기 위해 이런 생각을 분석하고 그것에 도전하는 것이다. 당신이 앞으로 논의해야 할 다양한 사고의 편향이 존재한다. 비록 다른 것도 많지만, 아래 나열된 다섯 가지 왜곡이 주의해야 할 주요한 것이다.

활동: 사고의 왜곡

'활동지 24: 안경'과 '활동지 25: 사고의 위험 요소'를 활용하여 다섯 가지 주요 왜곡에 대한 논의를 촉진하고 설명하여라. 안경 비유를 강조하면서 각 예시를 차례차례 읽어 보아라. 예를 들어서, '흑백' 사고에서 개인은 흑백 안경을 가지고 있으며 상황을 '모 아니면 도'로 해석한다(Katy의 예시를 참고하라).

> **흑백 사고: KATY**
>
> Katy는 친한 친구와 논쟁을 한 뒤 '됐어, 난 이제 더 이상 그녀의 친구가 아니야. 나는 다시는 그녀에게 말을 걸지 않을 거야.'라고 생각했다.

다양한 사고의 위험 요소를 관찰하면서 청소년 내담자에게 각각의 사고의 함정에 걸려 들었을지도 모르는 경우가 언제 있었는지 생각해 보게 하라. 그들의 개인적인 사고의 위험 요소를 찾아내기 위해 도움 삼각형을 과제로 사용하라.

1. 흑백 사고: '모 아니면 도'의 방식으로 세상을 바라본다. 예를 들어, 세상을 아름답거나 끔찍하게, 완전한 성공이거나 또는 완전한 실패라고 중간이 없이 둘 중 하나로 바라보는 사람을 말한다.

2. 속단: 가능한 대안적 설명을 고려하지 않은 채 상황이 악화될 것이라고, 또는 무언가 잘못 했다고 결론짓는 것을 말한다. 타인이 무슨 생각을 하는지, 또는 어떤 감정을 느끼는지 알고 있다고 생각하거나('독심술'), 또는 무슨 일이 일어날지 알고 있다고 생각하는 것을 말한다('점치기'). 예를 들어, 낙제할 것이라는 것을 '알기' 때문에 시험을 보지 않는다거나 누군가 당신에게 인사하지 않았기 때문에 그 사람이 당신을 싫어한다고 생각하는 것을 말한다.

3. 과잉 일반화: 어떤 것을 지나치게 과장하는 것을 말한다. 생각에 '항상', '절대', '모두가', 또는 '아무도'가 포함되어 있을 때 이것을 쉽게 발견할 수 있다. 예를 들어, 낮은 성적을 받은 후, '모두가 나보다 잘났어. 나는 그 어떤 것도 절대 잘 하지 못해.'라고 생각하는 것을 말한다.

4. ~해야 한다/해야만 한다/할 의무가 있다: 스스로를 힘들게 하는 것을 말한다. '나는 더 잘해야만 해', '나는 더 잘해야 해', '나는 더 잘 알았어야 할 의무가 있어'와 같은 생각은 종종 과잉 일반화와 관련이 있다.

5. 자기 비난: 당신의 잘못이 아니거나 당신의 통제 밖에 있는 일에 책임감을 느끼는 것을 말한다. 예를 들어, '우리 아빠는 내 태도 때문에 떠났어', '내가 얻어 맞은 건 다 내 잘못이야.' 등.

청소년 내담자에게 위의 모든 것이 친숙하게 들리더라도 걱정하지 말 것을 당부하라. 이것은 모든 사람들이 사용하는 사고의 편향이라고 설명하라. 당신은 이것들 중 한 가지를 다른 것보다 유독 많이 사용할 수도 있고 여러 가지 사고의 편향을 통합하여 사용할 수도 있다.

회기의 핵심 주제: 사고에 도전하기

사고의 편향은 슬픔, 화 등과 같은 불쾌한 감정을 느끼게 만들 수 있다. 때로 우리는 너무 자기 비판적이기 때문에 이런 생각이 사실이라고 받아들이기도 한다. 이러한 생각을 파악하고 그것이 정말 사실인지 시험해 보기 위한 도전을 하는 것은 이러한 생각이 우리의 머릿속에서 계속해서 맴도는 것을 멈출 수 있다. 만약 우리가 도전하지 않는다면 우리의 기분은 더 악화될 수 있다.

청소년 내담자에게 우리의 생각이 우리의 감정과 행동에 영향을 미친다는 것을 다시 한번 상기시켜라. 사고에 도전하는 것은 단순히 인생에 대해 긍정적으로 생각하는 것 이상이라는 것을 설명하라. 즉 사고에 도전하는 것은 우리의 생각을 지지하고 생각에 도전하기 위한 증거를 찾는 것을 포함하는 균형 잡힌 사고를 하는 것이다.

활동: 사고에 도전하기

청소년 내담자가 작성한 감정 일기나 그들이 과제로 작성한 도움 삼각형들 중 하나에 대해 상의하거나 새로운 예시를 찾아라. 하나의 자동화된 부정적 사고를 강조하라. 그것은 극단적인 것 일수록 좋다. 예를 들어, '나는 모든 것에 쓸모없는 사람이야.'와 같은 예시를 선택하라. 청소년 내담자에 대한 생각을 고를 때는 이러한 생각이 청소년 내담자 자신, 타인 그리고 세상에 대한 자신의 신념을 기반으로 하여 더 강력하고 더 왜곡되는 경향이 있기 때문에 주의해야 한다. 우리가 이야기의 전부를 알지 못하기 때문에 이 단계에서는 다른 사람에 대한 생각에 도전하는 것은 좋지 않다. 따라서 'Sarah는 나를 좋아하지 않아.'와 같은 생각은 피하라.

하나의 생각을 결정했다면, 청소년 내담자에게 당신이 그 생각을 지지하거나 그것에 반박하는 증거를 찾을 것이라고 설명하라. 한 쪽에는 지지하는 증거를 그리고 다른 한 쪽에는 반박하는 증거를 작성하기 위해 종이에 두 개의 열을 그려라. 청소년 내담자에게 자신의 생각이 사실이 되는 증거를 그 생각이 사실이라고 믿는 이유를 설명하면서 모두 찾으라고 지시하라. 청소년 내담자가 당신에게 '느낌'과 같은 모호한 개념까지도 포함한 최대한 모든 이유와 그 생각과 관련된 이전의 모든 경험을 말할 수 있도록 시도해 보아라. 이후에 '맞아요. 하지만….'이라고 말하는 것을 피하기 위해 지금 모든 것을 적는 것이 목표이다. 청소년 내담자가 그 생각이 왜 자꾸 반복해서 떠오르는지 말할 수 있는 기회를 가질 수 있도록 이 단계가 철저히 수행되는 것이 중요하다. 비록 청소년 내담자가 불편한 감정을 다시 경험하는 것처럼 느낄 수 있지만 이런 방식으로 듣는 것이 매우 효과적일 수 있다.

두 번째 열(반박하는 증거)에는 청소년 내담자에게 그들의 생각에 반하는 증거를 찾아서 기록하라고 지시하라. 그들은 이제부터 특정한 생각을 반박하는 증거에 대해 생각해 볼 것이라고 그들에게 설명하라. 예를 들어, '아무 짝에도 쓸모없다.'는 생각이 있다. 이것은 이 활동에서 가장 어려운 부분이며 설득을 더 필요로 할 수도 있다. 어떤 대안적 설명이 있을 수 있는지 물어보고 타인(청소년 내담자를 아는 누군가)이 그 생각에 대해 반박하는 증거로 어떤 것을 제시할 것 같은지 생각해 보게 해라.

청소년 내담자가 모든 반박하는 증거를 찾았다면, 청소년 내담자에게 두 개의 열 모두를 읽어 주는 시간을 가져라. 그들에게 이 활동의 의미가 무엇이라고 이해했는지 그리고 지금 무슨 생각을 하고 있는지 물어라. 그들은 지금의 생각을 통해 그들의 신념을 재평가할 수 있는가? 그렇다면 그들에게 이 활동을 기반으로 더 균형 잡힌 생각 또는 같은 생각에 대한 대안적이며 덜 부정적인 해석을 할 수 있겠냐고 물어라. 이는, 또한 (만약 그들이 이전에 확인하지 않았다면) 그 생각에 어떤 형태의 사고의 편향이 있는지 확인할 수 있는 기회가 될 수 있다.

활동: 생각 기록지

'활동지 26: 생각 기록지'를 내담자에게 나눠 주고, 이것이 도움 삼각형의 더 발전된 버전이라고 설명하라. 활동지는 10개의 열로 나눠져 있으며, 각 열에는 핵심 기호가 그려져 있다. 도움 삼각형에서 발전된 부분은 이전 활동에서 했듯이 NATs(자동화된 부정적 사고)에 도전하는 전략이다. 지시사항과 Katy의 예시를 읽은 후, 이전의 예시를 사용하여 열을 하나씩 채워 나가라.

청소년 내담자에게 이후에 불쾌한 감정 또는 괴로운 생각을 경험할 때 생각 기록지가 사용되어야 한다고 설명하라. 열을 채워 나가면서 각 열에 대해 차례대로 논의하라.

- 상황: 당신은 어디에 있었는가? 무엇을 하고 있었는가? 언제인가? 누구와 함께 있었는가?
- 감정: 한마디로 당신의 감정은 어떠한가? 0 – 10 감정 척도를 사용하여 각각의 감정이 얼마나 강력했는지 평가하라.
- 생각: 당신의 머릿속에 떠올랐던 모든 생각을 묘사해 보아라. 예시 중 적어도 하나의 NATs를 강조하고 열에 기록하라.

이 단계에서 청소년 내담자와 함께 생각의 의미를 탐색함으로써 더 깊은 생각을 이끌어 내는 것이 도움이 될 것이다. 당신은 '만약 그게 사실이라면, 그게 당신에게 어떤 의미인가요', '당신에 관한 어떤 것을 말해 주나요?'와 같은 질문을 할 수 있다.

- 신념: 청소년 내담자에게 그들이 그 생각을 얼마나 믿는지 백분율로 환산하여 평가하라고 하라(100% = 의심의 여지없이 사실이라고 믿는다, 0% = 전혀 사실이 아니라고 믿는다). 청소년 내담자는 당시에는 100% 믿었지만 지금은 확신이 덜하다고 (예를 들어, 80%) 설명할 수도 있다. 이 정보는 우리가 합리적인 설명을 덜하게 하고 부정적인 생각을 더 믿게 만드는 당시의 강한 부정적인 감정의 경향을 뒷받침하는 유용한 정보이다. 그 생각을 지지하고 반박하는 증거를 찾기 이전에 신념의 두 가지 수준 모두를 기록하라. 신념의 수준을 기록하기 위해 신념 척도를 사용할 수 있다('활동지 27: 신념 척도'를 활용하여라).
- 균형: 다음 단계는 청소년 내담자가 그들이 알 수 있는 증거가 그들의 생각을 지지한다는 것을 기록하게 하는 것이다. 모든 반박 증거를 찾은 후 그들에게 6 – 9단계를 작성하라고 지시하라.
- 사고의 오류: 청소년 내담자가 자신의 NATs를 되돌아봤을 때 그들의 사고에서 사고의 오류를 알아챌 수 있는가?
- 신념 재고: 이제 청소년 내담자는 각 생각에 대한 그들의 신념을 백분율로 환산하여 재평가해야 한다. 변화가 있었는가?
- 대안적 사고: 청소년 내담자는 이제 자신의 생각을 더 균형 잡힌 방식으로 인지할 수 있으므로 그들은 더 조심스럽게 고려되었거나 더 균형 잡힌 대안적 사고를 제시해야 한다.
- 감정 재고: 마지막으로 청소년 내담자는 그들의 감정에 변화가 있었는지 생각해 보고 이를 기록해야 한다.

때로 누군가(예를 들면, 가장 친한 친구, 자매 혹은 형제)를 상상하며 '만약 그들이 이런 문제나 생각을 가지고 있다면 그들이 무슨 생각을 하는지에 대해 나는 그들에게 무슨 말을 했을까?'라고 생각하는 것이 도움이 될 수 있다.

　아래의 Katy의 생각 기록지(표 5와 '활동지 29: 생각 기록지 예시-Katy의 상황')를 참고하여 '활동지 26: 생각 기록지'를 완수한다.

　'활동지 30: 자기 자신에게 도전해 보기'를 참과여도 좋다.

상황	가장 친한 친구와 다툼
어떤 감정을 느끼고 있었나요? (척도 평가)	분노(100%) 상처 받음(90%) 배신감(75%)
어떤 생각이 들었나요?(NATs)	나는 가치가 없다. 친구에게 나는 아무것도 아니다. 나는 한심하다.
당신의 생각을 얼마나 믿나요?(%)	100% 80% 60%
당신의 생각 중 이러한 생각을 지지하는 근거는 무엇인가요?	친구가 나와 절교하고 싶어서 일부러 나를 화나게 하려고 시비거는 것 같다
당신의 신념에 도전하는 증거는 무엇이 있나요?	우리는 모두 센 성격을 가지고 있으며 의견이 다르다. 그 후, 우리는 의견 충돌에 대해 웃어넘길 수 있다.
사고의 함정을 찾아낼 수 있나요?	과잉 일반화
이제 생각을 얼마나 믿나요?(%)	60%
가능한 대안적인 생각은 무엇인가요?	의견이 불일치하는 것은 당연한 일이다. 우리가 다투더라도 나는 여전히 누군가에게 중요한 사람일 수 있다.
이제 감정을 어떻게 평가하나요?	분노(40%) 상처 받음(60%) 배신감(30%)

표 5 생각 기록지 견본 - Katy의 상황

6회기 종결

● 과제: 청소년 내담자는 돌아오는 주에 실생활에서의 예시로 생각 기록지를 완성하고 생각에 도전해 보는 시도를 해야 한다. 그들은 '활동지 28: 간략한 참고 지침'을 통해 도움을 받을 수 있다. 사고를 파악하는 것과 특히 생각에 도전하기는 시간이 오래 걸리며 연습이 필요하기 때

문에 이제 시작이라는 것을 설명하라. 당신은 그들이 바로 전문가가 되기를 바라지 않아야 한다. 성인도 이 개념을 이해하는 데 적어도 2주가 걸린다. 만약 과제가 너무 어려워진다면 그들은 몇몇 열을 빈 공간으로 남겨 놓고 당신이 다음 회기에 그들과 함께 생각 기록지를 검토하며 빈 공간을 채워 넣을 수 있다. 중요한 것은 한 주 동안 감정의 북받침을 알아차렸을 때를 예로 파악하여 그 상황에 대해 기록하고 그들의 반응을 생각, 감정, 그리고 행동으로 나누어 핵심적인 NATs를 지지하고 반박하는 증거를 찾는 시도를 해 보는 것이다.

- 피드백

청소년 내담자를 위한 유인물: 6회기

생각과 부정적인 감정의 순환을 끊는 방법

때로 우리는 생각과 사실을 혼동하여 생각을 아무런 의심 없이 받아들인다. '장밋빛 안경을 끼고 세상을 바라본다.'는 표현은 안 좋은 상황에서도 모든 것을 희망적이고 기분 좋게 바라보는 사람을 설명할 때 쓰인다. 이는 비현실적이기 때문에 일종의 사고의 왜곡 또는 사고의 편향이다. 이러한 사람은 상황을 오직 하나의 관점으로 바라보며 상황의 부정적인 측면을 보지 않는다. 반대로 누군가는 '내 친구는 절대 전화하지 않아. 그 누구도 나와 이야기하거나 내 이야기를 듣고 싶어 하지 않아.' 같은 부정적인 관점을 통해서만 상황을 바라볼 수 있다.

사고의 왜곡 또는 사고의 편향은 흔하고 도움이 되지 않는 사고방식이다. 모두가 이러한 왜곡을 사용하지만, 규칙적으로 발생하면 당신의 감정을 상하게 만들며 당신의 의사결정과 행동에 영향을 미친다. 유용한 전략은 이러한 생각이 사실인지 아닌지 알아보고 기분이 나아지도록 하기 위해 이런 생각을 분석하고 그것에 도전하는 것이다.

앞으로 더 논의되어야 할 다양한 사고의 편향이 존재하지만, 아래에 다섯 가지 주된 사고의 편향이 나열되어 있다.

- 흑백 사고: '모 아니면 도'의 방식으로 세상을 바라본다. 예를 들어, 세상을 아름답거나 끔찍하게, 완전한 성공이거나 또는 완전한 실패라고 중간이 없이 둘 중 하나로 바라보는 사람을 말한다.
- 속단: 가능한 대안적 설명을 고려하지 않은 채 상황이 악화될 것이라고, 또는 무언가 잘못했다고 결론짓는 것을 말한다. 타인이 무슨 생각을 하는지, 또는 어떤 감정을 느끼는지 알고 있다고 생각하거나('독심술'), 또는 무슨 일이 일어날지 알고 있다고 생각하는 것을 말한다('점치기'). 예를 들어, 낙제할 것이라는 것을 '알기' 때문에 시험을 보지 않는다거나 누군가 당신에게 인사하지 않았기 때문에 그 사람이 당신을 싫어한다고 생각하는 것을 말한다.
- 과잉 일반화: 어떤 것을 지나치게 과장하는 것을 말한다. 생각에 '항상', '절대', '모두가' 또는 '아무도'가 포함되어 있을 때 이것을 쉽게 발견할 수 있다. 예를 들어, 낮은 성적을 받은 후, '모두가 나보다 잘났어. 나는 그 어떤 것도 절대 잘 하지 못해.'라고 생각하는 것을 말한다.
- ~해야 한다/해야만 한다/할 의무가 있다: 스스로를 힘들게 하는 것을 말한다. '나는 더 잘해야만 해', '나는 더 잘해야 해', '나는 더 잘 알았어야 할 의무가 있어'와 같은 생각은 종종 과잉 일반화와 관련이 있다.
- 자기 비난: 당신의 잘못이 아니거나 당신의 통제 밖에 있는 일에 책임감을 느끼는 것을 말한다. 예를 들어, '우리 아빠는 내 태도 때문에 떠났어', '내가 얻어맞은 건 다 내 잘못이야' 등.

사고에 도전하기

　　사고의 편향은 슬픔, 화 등과 같은 불쾌한 감정을 느끼게 만들 수 있다. 때로 우리는 너무 자기 비판적이기 때문에 이런 생각이 사실이라고 받아들이기도 한다. 이러한 생각을 파악하고 그것이 정말 사실인지 시험해 보기 위한 도전을 하는 것은 이러한 생각이 우리의 머릿속에서 계속해서 맴도는 것을 멈출 수 있다. 만약 우리가 도전하지 않는다면 우리의 기분은 더 악화될 수 있다.

　　사고에 도전하는 것은 단순히 인생에 대해 긍정적으로 생각하는 것 이상이다. 즉 사고에 도전하는 것은 우리의 생각을 지지하고 생각에 도전하기 위한 증거를 찾는 것을 포함하는 균형 잡힌 사고를 하는 것이다.

생각 기록지 작성하기

- 상황: 당신은 어디에 있었는가? 무엇을 하고 있었는가? 언제인가? 누구와 함께 있었는가?
- 감정: 한마디로 당신의 감정은 어떠한가? 0-10 감정 척도를 사용하여 각각의 감정이 얼마나 강력했는지 평가하라.
- 생각: 당신의 머릿속에 떠올랐던 모든 생각을 묘사해 보아라. 예시 중 적어도 하나의 NATs를 강조하고 열에 기록하라. 그것이 사실이라면, 그것이 너에게 무엇을 의미하며 당신에 관한 어떤 것을 말하는가?
- 신념: 당신이 그 생각을 얼마나 믿는지 백분율로 환산하여 평가하라(100%= 의심의 여지없이 사실이라고 믿는다. 0%= 전혀 사실이 아니라고 믿는다).
- 균형: 다음 단계는 당신의 생각을 지지하는 모든 증거를 적는 것이다. 그 다음, 그 생각에 반하는 어떤 증거라도 찾아보고 그것을 기록해라.
- 사고의 오류: NATs를 되돌아 봤을 때, 당신은 당신의 사고에서 사고의 오류를 포착할 수 있는가?
- 신념 재고: 이제 당신은 각 생각에 대한 그들의 신념을 백분율로 환산하여 재평가해야 한다. 변화가 있었는가?
- 대안적 사고: 당신은 이제 자신의 생각을 더 균형 잡힌 방식으로 인지할 수 있으므로 더 조심스럽게 고려되었거나 또는 균형 잡힌 대안적 사고를 제시해야 한다.
- 감정 재고: 당신은 자신의 감정에 변화가 있었는지 생각해 보고 이를 기록해야 한다.
- 때로 누군가(예를 들면, 가장 친한 친구, 자매 혹은 형제)를 상상하며 '만약 그들이 이런 문제나 생각을 가지고 있다면 그들이 무슨 생각을 하는지에 대해 나는 그들에게 무슨 말을 했을까?'라고 생각하는 것이 도움이 될 수 있다.

이번 회기는 계속해서 모듈 11에 집중한다. 하지만 만약 이것이 한 회기를 채우기에 부족하다면, 모듈 12를 포함하여 진행할 수 있다. 모듈 12는 공식화 단계이며, 모듈 11에서 다루었던 핵심 신념과 삶의 규칙을 이끌어내는 것과 연관되어 있다.

> **7회기: 상담자를 위한 참고 자료**
>
> · 공식화
> · 핵심 신념과 삶의 규칙

—— 모듈 12: 도움 삼각형 이후–삶의 핵심 신념과 규칙

목표

만약 청소년 내담자가 보다 통찰력 있거나, 매우 우울한 상태 또는 나이가 많고 그와 동시에 잘 정립된 행동 패턴과 반복되는 NATs을 가지고 있다면, 이것은 그들의 핵심 신념을 확인하는 데 있어서 유용할 수 있다.

의제

- 지난 회기와 연결
- 과제 검토: 생각 기록지(이를 검토하고 청소년 내담자가 문제를 겪었다면 그것에 대해 작업하는 시간을 가져라. 다음 몇 주 동안 계속해서 생각 기록지를 작성하도록 격려하라.)
- 청소년 내담자가 가져오는 사안
- 회기의 핵심 주제
- 과제 계획
- 피드백

회기의 핵심 주제

청소년 내담자에게 누군가 어떤 상황을 마주했을 때 그것을 해석하는 세 가지 단계가 있다고 설명하라. 첫째로, 대개 우리의 머릿속에서 언어적 표현이나 이미지로 나타나는(지난 회기에서 다루었던) 자동적 사고가 있다. 두 번째 단계는 '삶의 규칙' 또는 조건적 가정을 포함한다. 이들은 자동적 사고보다 덜 명확하며 우리는 우리의 행동을 유심히 관찰하는 것 외에는 이들을 발견할 수 있는 방법이 없다. Katy의 예시를 살펴보자.

조건적 가정: Katy

"한 학년 위인 여자 애가 방과 후에 있었던 논쟁에서 제 의견에 동의하지 않았어요. 저는 곧 기분이 나빠졌고, '그들은 나를 좋아하지 않고 나를 바보라고 생각해.'라고 생각했어요."
이 경우, Katy의 가정은 둘 중 하나이다.

- 사람들이 나에게 동의하지 않는다면, 그들은 나를 좋아하지 않아.

혹은

- 내 의견보다 다른 사람들의 의견이 더 중요해.

당신은 이러한 가정이 어떻게 단순한 문장들 이상으로 구성되었는지 알 수 있을 것이다. 이러한 생각은 특정 상황이 개인에게 어떤 의미를 가지는지에 대한 신념을 포함한다. 가정은 대개 '만약 … 라면'의 형식을 띠며, 일반적인 규칙처럼 들린다. 이는 핵심 신념이 설명된 후에 더 잘 이해될 것이다.

청소년 내담자에게 이 개념을 기억할 것을 지시하되, 인지의 세 번째 단계이자 가장 깊은 단계인 핵심 신념에 초점을 맞춘 후에 당신이 더 구체적인 설명을 해 줄 것이라고 안심시켜라.

핵심 신념

핵심 신념이란 겉보기에는 의심할 여지가 없는 자기 자신, 타인 또는 세상에 대한 의견을 말한다. 청소년 내담자에게 사람은 성상하면서 실제 경험과 경험에 대한 인지(인식) 모두를 기반으로 이러한 신념을 발전(발달)시킨다고 설명하라. Greenberger와 Padesky는 어린 아기는 그들의 경험을 친숙한 패턴으로 구조화하면서 세상을 이해하기 시작한다는 이론을 언급했다. 그들을 둘러싼 세상에 대한 규칙과 신념으로 여겨지며 발전하는 이런 패턴은 꼭 '사실'에 충실한 환경의 반영이 아닐 수 있으며 오히려 융통성 없고 경직된 청소년 내담자의 미성숙한 지적 능력의 결과일 수 있다. 우리가 성장함에 따라, 아동기에 우리가 발달시킨 대부분의 '규칙'은 우리가 예외와 대안적 설명을 경험하면서 더 유동적이게 되고 유연해진다. 하지만 우리의 아동기 신념의 일부는 성인기에 들어서도 확고하게 유지된다.

우리가 스스로에 대한 같은 생각을 계속해서 반복하고 우리의 행동을 반복적으로 평가하면 이러한 생각과 신념은 점점 더 강력해지며 더 확고해진다. 그뿐만 아니라 생애 초기 경험이 되풀이되거나 초기 경험이 정신적 외상을 초래할 정도로 극단적일 때 우리는 이러한 경험이 계속해서 일어날 것이라고 확신하게 될 수 있다. 이러한 생각은 대개 극단적으로 부정적이며 도전하기에 너무 강력하고 그럴듯해 보이기 때문에 이러한 인식은 우리의 삶을 지배할 수 있다.

이러한 신념의 두 번째 강화물은 이를 뒤따르는 정보 처리 과정의 편향이다. 달리 말하면 신념을 부정하는 모든 새로운 증거는 현실에 대한 우리의 인식에 부합하지 않기 때문에 무시되거나 중요하지 않은 것, 또는 사실이 아닌 것으로 처리된다. 즉, 그러한 정보는 기본적으로 걸러진다.

핵심 신념이 항상 우리의 머릿속에 있는 것은 아니다(혹은 전혀 없다). 오히려 의식 밖에 존재하며 짧고 간략한 문장으로만 가끔 드러난다. 예를 들어, '나는 사랑스러워' 혹은 '나는 쓸모없어'와 같은 문장이 있다. '나는 패배자야'와 같은 부정적 신념은 당신의 기분을 나쁘게 하고 당신이 세상을 바라보는 방식에 영향을 미칠 수 있다. 만약 누군가 자신의 결함으로 인해 나쁜 일이 일어날 것이라고 생각한다면 이러한 생각이 그들을 실패하도록 작용할 수 있다. 좋은 예시로 만약 누군가 평생 그 누구도 자신을 사랑하지 않을 것이라고 믿는다면(스스로가 사랑스럽지 않다고 느낀다면), 그들은 그들의 부모, 친구들 혹은 이성 친구의 애정 표현을 거부할 수 있으며, 이들 중 누구도 자신을 진심으로 생각하는 사람은 없을 것이라고 생각할 수 있고, 자신에게 애정을 표현하는 데는 숨겨진 동기가 있을 것이라고 느낄 수 있다. 이러한 생각은 사람들이 애정을 보이는 것을 못하게 하고, 스스로가 사랑스럽지 않다는 신념이 강화될 것이다.

정보 처리 과정의 편향의 특징 중 하나는 부정적인 핵심 신념을 지지하는 모든 것은, 그것이 얼마나 사소한 지와는 상관없이, 그 신념의 진실성에 대한 '증거'로 간주된다는 것이다. 그뿐만 아니라 핵심 신념은 어린 나이에 세상을 이해하는 데 도움을 주기 때문에 현재 우리의 경험을 이해하기에 더 유용한 방식이 있을 수 있는지에 대한 평가가 이루어지지 않을 수 있다. 대신 청소년이 되어(그리고 성인기에도), 개인은 이러한 신념이 100% 사실인 것처럼 행동하고 생각하며 느낄 수 있다.

Cassie의 핵심 신념

- 내가 하는 모든 것은 완벽해야만 해.
- 나는 항상 실수를 해. 나는 실패자야.
- 나는 사랑스럽지 않아.

활동: 핵심 신념

Cassie의 핵심 신념을 살펴보고 청소년 내담자에게 그녀가 이것을 붙잡고 있음으로써 경험했을 수도 있는 위험이나 어려움이 무엇이 있는지 물어 보아라. 예를 들어, 그녀가 하는 모든 것이 완벽해야 한다고 믿음으로써, 그녀는 실패에 대한 두려움 때문에 새로운 것에 도전하는 것을 피하려 할 수 있다. 또는 그녀가 학교에서 가장 높은 성적을 받지 못할 때마다 스스로를 가혹하게 평가할 수 있다.

활동: 삶의 규칙

이제 이전에 소개했던 '삶의 규칙'으로 돌아갈 시간이다. 청소년 내담자에게 핵심 신념이 우리의 선택에 영향을 미칠 만큼 확고히 자리 잡고 있다는 사실을 상기시켜라. 이는 핵심 신념이 우리가 삶에 대한 특정한 규칙과 패턴을 발전시키도록 만들 수 있다는 것을 의미한다. 두 가지 예시를 살펴보아라. '나는 자질이 충분하지 않아' 그리고 '나는 사랑스럽지 않고 평생 그 누구도 나를 사랑하지 않을 거야.'

'나는 자질이 충분하지 않아'

성취가 다른 요인 보다 중요한 가정에서 자랐을 경우 발달할 수 있는 '나는 자질이 충분하지 않아'라는 신념은 개인이 모든 것을 매우 잘하거나 완벽하게 해야만 성공할 수 있다는 규칙을 발달시키게 만든다. 각각의 일이 계속해서 반복되거나 심지어 시작되지도 않게 되면서 이런 규칙은 스트레스와 불행의 원인이 된다.

이는 '나는 자질이 충분하지 않아'라는 핵심 신념이 어떻게 '나는 멍청해'라는 자동적 사고와 가정을 촉발시키고 '학업을 시작할 의미가 없다'와 같은 삶의 규칙을 만들게 되는지를 보여 주는 예시이다.

> **Cassie의 핵심 신념이 야기한 삶의 규칙**
>
> • 어차피 충분히 잘 하지(완벽하게) 못할 것이기 때문에 과제를 시작할 의미가 없다.
> • 사람들은 내가 그들이 원하는 일을 해야만 나를 좋아할 것이다.
> • 내가 성공한다면 나는 행복할 것이다.

청소년 내담자에게 Cassie가 이 규칙을 따른다면 어떤 위험을 겪게 될 것인지 질문하라.

'나는 사랑스럽지 않고 평생 그 누구도 나를 사랑하지 않을 거야.'

'나는 사랑스럽지 않고 평생 그 누구도 나를 사랑하지 않을 거야.'라는 신념은 타인이 진심으로 자신과 함께 시간을 보내고 싶어 하지 않는다고 생각하게 만들기 때문에 그들은 슬픔을 느끼고 사람들을 피하게 될 것이다. 사람들을 피하는 것은 다른 사람들이 그들을 좋아하고 그들과 함께 있고 싶어 한다는 것을 보여 줄 기회를 가지지 못한다는 것을 의미한다. 이는 반대로 다른 사람들이 내담자가 그들과 친구가 되고 싶어 하지 않는다고 생각하게 만들어 사람들이 내담자를 피하게 만들지도 모른다. 이는 개인의 신념이 사실이라는 확신을 강화시킨다.

이 예시에서 핵심 신념인 '나는 사랑스럽지 않아'는 '사람들은 나와 어울리고 싶어 하지 않아'라는 가정으로 이끌었고 '사람들은 나와 어울리고 싶어 하지 않으니까 사람들을 피하자'라는 삶의 규칙의 원인이 되었다. 반대로 이것이 핵심 신념을 강화시킨 것이다.

청소년 내담자와 함께 이 악순환에 대해 논의하라.

활동: 편지 친구, 또는 새로운 SNS 친구

'활동지 31: 편지 친구, 또는 새로운 SNS 친구'를 청소년 내담자에게 나눠 주고, 당신이 그들의 신념과 삶의 규칙을 알아볼 것이라고 설명하라. 그들에게 그들이 한번도 만나보지 못한 편지 친구에게 편지를 쓴다고 상상해 보게 하라. 그렇다면 그들은 스스로에 대한 소개를 해야 할 것이다. 이때 중요한 것은 '즉흥적으로' 생각해야 한다는 것이라고 설명하라. 옳고 그른 정답이 없으며 '직감'을 바탕으로 소개를 해야 한다.

활동지에 다음의 지시어를 사용하여 세부 사항을 작성하라(이는 함께 논의 될 수 있다).

- 나는 …
- 다른 사람들은 나를 …
- 다른 사람들은 …
- 관계는 …
- 세상은 …
- 미래는 …

이전에 작성한 생각 기록지와 도움 삼각형을 함께 사용하고 청소년 내담자에게 그들에게 떠오르는 주제에 대해 생각해 보라고 이야기하라. 그들의 핵심 신념이 무엇일 것 같다고 생각하며 그와 관련된 삶의 규칙이 무엇이라고 생각하는가?

7회기 종결

- 과제: 생각 기록지, 핵심 신념 확인 그리고 그와 관련된 삶의 규칙을 계속해서 작업하라.
- 피드백

참고 문헌

1. Greenberger, D. and Padesky, C. A. (1995) *Mind over Mood: Change How You Feel by Changing the Way You Think*. New York: Guilford Press.

청소년 내담자를 위한 유인물: 7회기

어떤 상황에 마주했을 때 상황을 이해하는 데는 세 가지 단계가 있다.

자동적 사고

자동적 사고는 대부분 단어(또는 이미지)의 형태로 머릿속에 떠오른다.

'삶의 규칙' 또는 조건적 가정

'삶의 규칙' 또는 조건적 가정은 자동적 사고보다 훨씬 덜 명확하다. 우리는 우리의 행동을 유심히 관찰하는 것 외에는 이들을 발견할 수 있는 방법이 없다.

Katy의 예시를 살펴보자.

Katy의 삶의 규칙

"한 학년 위인 여자 애가 방과 후에 있었던 논쟁에서 제 의견에 동의하지 않았어요. 저는 곧 기분이 나빠졌고, '그들은 나를 좋아하지 않고 나를 바보라고 생각해.'라고 생각했어요."

이 경우, Katy의 가정은 둘 중 하나이다.

- 사람들이 나에게 동의하지 않는다면, 그들은 나를 좋아하지 않아.

혹은

- 내 의견보다 다른 사람들의 의견이 더 중요해.

가정은 대개 '만약 …라면'의 형식을 띠며, 일반적인 규칙처럼 들린다.

핵심 신념

핵심 신념은 우리가 성장함에 따라 알게 되는 세상, 타인 그리고 우리 자신에 대한 신념으로부터 발달한다. 핵심 신념은 우리의 실제 경험 그리고 경험에 대한 인식 모두를 기반으로 한다. CBT는 어린 아기들이 그들의 경험을 친숙한 패턴으로 조직화함으로써 세상을 이해하기 시작한다는 이론을 기반으로 한다. 그들을 둘러싼 세상에 대한 규칙과 신념으로 여겨지며 발전하는 이런 패턴은 꼭 '사실'을 기반으로 한 환경의 반영이 아닐 수 있다. 대신 이것은 무슨 일이 일어나고 있는지에 대한 어린 아이의 인식으로부터 생겨난다. 어린 아이는 상당히 경직된 방식으로 생각하는 경향이 있으며 이는 성장하면서 점점 더 유연해진다. 이것이 바로 핵심 신념이 사실처럼 들리는 강력한 진술인 이유이다.

우리가 스스로에 대해 같은 생각을 반복해서 하고 우리의 행동을 평가하는 것을 계속한다면, 이러한 생각과 신념은 점점 더 강력해지며 더 확고해진다. 또한 생애 초기 경험이 되풀이되거나 초기 경험이 정신적 외상을 초래할 정도로 극단적이라면 이러한 경험은 우리가 세상을 어떻게 바라보는지에 영향을 미치며 우리의 인생을 지배하기 시작한다. 이러한 생각은 대개 극단적으로 부정적이고, 너무 강력하며 그럴듯해 보이기 때문에 도전하기 힘들다.

핵심 신념에 반하는 모든 새로운 증거는 현실에 대한 우리의 인식에 부합하지 않기 때문에, 무시되거나 중요하지 않은 것 또는 사실이 아닌 것으로 처리된다. 즉, 그러한 정보는 기본적으로 걸러진다.

핵심 신념이 항상 우리의 머릿속에 있는 것은 아니다(혹은 전혀 없다). 오히려 의식 밖에 존재하며 짧고 간략한 문장으로만 가끔 드러난다. 예를 들어, '나는 사랑스러워' 혹은 '나는 쓸모없어'와 같은 문장이 있다. '나는 패배자야'와 같은 부정적 신념은 당신의 기분을 나쁘게 하고 당신이 세상을 바라보는 방식에 영향을 미칠 수 있다. 만약 당신이 당신의 결함으로 인해 나쁜 일이 일어날 것이라고 생각한다면 이러한 생각은 당신이 실패하도록 작용할 수 있다. 좋은 예시로 만약 누군가 평생 그 누구도 자신을 사랑하지 않을 것이라고 믿는다면(스스로가 사랑스럽지 않다고 느낀다면), 그들은 부모, 친구들 혹은 이성 친구의 애정 표현을 거부할 수 있으며, 그들은 진심으로 신경 쓰는 것이 아니라고 생각할 수 있고, 애정을 표현하는 데에는 숨겨진 동기가 있을 것이라고 느낄 수 있다. 따라서 이러한 생각은 사람들이 애정을 보여 주는 것을 멈추게 하고, 스스로가 사랑스럽지 않다는 개인의 신념이 강화될 것이다.

예시

'나는 자질이 충분하지 않아'

성취가 다른 요인 보다 중요한 가정에서 자랐을 경우 발달할 수 있는 '나는 자질이 충분하지 않아'라는 신념은 개인이 모든 것을 매우 잘하거나 완벽하게 해야만 성공할 수 있다는 규칙을 발달시키게 만든다. 각각의 일이 계속해서 반복되거나 심지어 시작되지도 않게 되면서 이런 규칙은 스트레스와 불행의 원인이 된다.

이는 '나는 자질이 충분하지 않아'라는 핵심 신념이 어떻게 '나는 멍청해'라는 자동적 사고와 가정을 촉발시키고 '학업을 시작할 의미가 없다'와 같은 삶의 규칙을 만들게 되는 지를 보여 주는 예시이다.

'나는 사랑스럽지 않고 평생 그 누구도 나를 사랑하지 않을 거야.'

'나는 사랑스럽지 않고 평생 그 누구도 나를 사랑하지 않을 거야.'라는 신념은 타인이 자신과 함께 시간을 보내고 싶어 하지 않는다고 생각하게 만들기 때문에 그들은 슬픔을 느끼고 사람들을 피하게 될 것이다. 사람들을 피하는 것은 다른 사람들이 그들을 좋아하고 그들과 함께 있고 싶어 한다는 것을 보여 줄 기회를 가지지 못한다는 것을 의미한다. 이는 반대로 다른 사람들이 내담자가 그들과 친구가 되고 싶어 하지 않는다고 생각하게 만들어 사람들이 내담자를 피하게 만들지도 모른다. 이는 개인의 신념이 사실이라는 확신을 강화시킨다.

이 예시에서 핵심 신념인 '나는 사랑스럽지 않아'는 '사람들은 나와 어울리고 싶어 하지 않아'라는 가정으로 이끌었고 '사람들은 나와 어울리고 싶어 하지 않으니까 사람들을 피하자'라는 삶의 규칙의 원인이 되었다. 반대로 이것이 핵심 신념을 강화시킨 것이다. 따라서 악순환은 계속된다.

73쪽에서 언급한 것과 같이 시간이 된다면 모듈 12는 7회기에서 진행될 수 있다. 시간이 여의치 않는다면 이번 회기에 하면 된다. 모듈 12의 연장으로 모듈 13을 하는 것이다.

8회기: 상담자를 위한 참고 자료

•공식화

모듈 13: 공식화 – '나의 여정'

목표

문제가 왜 발생했는지, 무엇이 문제를 지속하는지 그리고 문제가 어디서 근원했는지를 종합해 보는 것이다. 이것은 인지행동적 공식화이다.

의제

- 지난 회기와 연결
- 과제 검토
- 청소년 내담자가 가져오는 사안
- 회기의 핵심 주제
- 문제와 척도 검토(회기 기록의 마지막 부분 참조)
- 과제 계획
- 피드백

회기의 핵심 주제

전 모듈에서는 공식화의 핵심 신념, NATs, 삶의 규칙과 같은 개인적인 요소에 집중했다. 내담자에게 우리가 흔히 '공식화'라고 부르는 이런 것들이 어떻게 상호 작용을 하는지를 생각해 보는 것이 유용하다는 것을 설명하라. 이것은 협동적 과정으로 내담자가 어떻게 지금의 그 모습이 되었는지 밝혀 내어, 왜 그들이 행동하는 방식으로 세상을 경험하는지 이해하기 위한 것이다. 이것은 그들의 인생의 지도를 그리는 것과 비슷하다. 과거를 다시 떠올리는 것은 불쾌한 기억을 불러오기 때문에 때때로 불편한 기분을 느낄 수 있지만 내담자가 왜 특별한 존재인지 이해하고, 그들의 약점이 무엇인지 파악하여 그 약점에 반복해서 걸려드는 것을 막을 좋은 방법일 수 있다.

CBT의 과정에 대한 부연 설명이 필요할 것이다. 우리가 초기 생애부터(어쩌면 심지어 우리가 아기였을 때부터) 경험한 것들이 우리의 마음속에 프로그래밍이 되어 자기 자신, 세상, 타인 그리고 미래에 대한 특정 신념을 가지도록 이끈다는 증거가 증가한다는 말로 시작할 수 있다. 이렇게 새겨진 믿음은 우리로 하여금 정보를 빠르게 처리하고 급변하는 세상을 이해하도록 도와준다. 우리가 아주 어릴 적에는 이러한 믿음은 아주 유용한 것이다. 예를 들어, 의자를 볼 때마다 이것이 무엇이고 어떻게 쓰이는지를 판단해야 한다면 매우 피곤할 것이다(그리고 우리의 뇌의 비효율적인 사용일 것이다).

그러나 예를 들어, 내담자가 특정 사람들 곁에 있을 때 두려움을 느낀다면, 타인이 무서운 존재라고 믿기 시작할지 모른다. 그리고 이러한 믿음은 후에 그들의 행동에 영향을 미칠 수도 있다. 반대로 그들이 다른 능력을 가진 형제에 비해 불합리한 대우를 받고 있다고 생각한다면 타인이 자신보다 더 능력이 있다고 믿거나 자신이 능력이 없다고 생각할 수도 있다.

그러므로 핵심 신념은 아주 어릴 적부터 형성되며 나이가 들면서 계속 강화된다. 이것은 때때로 우리가 의식하기도 전에 우리가 따르는 삶의 규칙을 형성한다. 가끔은 특정 사건이 핵심 신념을 작동시킬 수도 있다. 예를 들어, 자신을 사랑스럽지 못한 존재로 생각하는 사람은 관계가 깨어질 경우 우울증에 빠질 수 있다. 이것은 결국 NATs의 급증과 핵심 신념을 강화하는 행동으로 이끌 것이다.

이러한 과정을 나타내는 Jessica의 공식화를 살펴보자('활동지 32: Jessica의 공식화'를 참고하여라).

Jessica의 공식화

왜 나야?
- 초기 경험: 할머니가 돌아가심. 부모님은 이혼하시고 아버지와 어려운 관계. 친언니가 금쪽같은 자식 역할을 함. 학교에서는 따돌림을 당함. 어머니는 우울하심. 집에서는 감정 표현이 부족하고 말다툼도 없었다.
- 삶에 대한 규칙과 신념(펜팔 활동과 초기 경험을 바탕으로): 나는 부족한 사람이다. 나는 사랑스럽지 않아. 다른 사람의 요구가 우선이야. 사람들이 나와 동의하지 않으면 나를 좋아하지 않는 것이야. 다른 사람들의 의견이 내 의견보다 더 중요해.

왜 지금?
나의 문제가 심각해지기 전에 무슨 일이 있었나?
- 남자친구와 헤어짐.

왜 아직도?
현재까지 지속되고 있는 나의 문제는 것은 무엇인가?

- 밖에 나가는 것을 꺼려함.
- 다른 사람과 가까이 하지 않음.
- 다른 사람들에게 내가 지금 어떤 기분인지 말하지 않음.

도움이 되는 것!
나를 도와주는 것은 무엇인가?

- 음악 듣기
- 친척과 통화하기
- 친구의 작은 파티에 가려고 스스로 노력해 보는 것
- 긍정적인 자기 암시와 나의 주요 생각에 대한 도전

활동: 나의 여정

'활동지 33: 나의 여정'에 내담자의 공식화를 채워 넣어라. 옳은 정답도 틀린 정답도 없다는 것을 설명하고 때로는 그들이 추측해야 할 때도 있음을 알려라. 이것은 시작에 불과하고 내담자의 '나의 여정' 활동지를 다음 몇 회기에 걸쳐 더욱 세심하게 보아야 하며 이것은 시간에 따라 바뀔 것이다. 여정은 내담자의 초기 경험부터 핵심 신념과 삶의 규칙을 거치며 '왜 지금?', '왜 아직도?'를 다루고 그들의 현재 생활을 정리할 수 있게 해주는 '도움이 되는 것!'이 완료되기 전까지 진행된다.

내담자에게 자신의 초기 경험부터 시작해야 한다고 말해라. 상담사에게 이전에 얘기했던 그들의 어린 시절에 관한 것을 적어야 한다. 주요 인생 경험, 부모의 이혼, 가족의 정신적 병력, 따돌림 등. 다음과 같은 질문이 유용하다.

- 당신의 어린 시절로부터 떠올릴 수 있는 행복했던 기억이나 슬픈 기억이 있나요?
- 어릴 적 가정환경은 어떠했나요?
- 엄마·아빠·형제·보호자는 어땠나요? 그들에 대해 설명해 볼 수 있나요?
- 어린 아이로서의 당신은 어떠했나요?
- 학교는 어땠나요? 당신의 학교 숙제, 학업 성취에 대한 부모님의 견해는 어떠했나요?
- 집에서의 규칙은 무엇이었나요? 훈육이 있었나요?
- 어릴 때 사람들은 자신의 감정을 드러냈나요? 숨겼나요?

기억에 공백이 있을 수 있지만 새로운 기억이 떠오르고 새로운 통찰이 생기면서 추가 사항이나 변화에 대한 새로운 칸이 언제나 적절하게 추가될 수 있다.

내담자가 자신의 이야기와 높은 관련이 있다고 생각하는 주요 사건을 먼저 기술하는 것으로 시작하는 것이 도움이 될 수 있다. 그들의 인생에서 특별한 의미가 있는 사건이 있었는지 물어보아라.

그들이 자신의 어린 시절을 회상하고 구체적인 사건을 떠올리지만 자신의 공식화에 이러한 것들이 중요한지에 대한 판단이 어려울 수 있다. 이것은 내담자와 상담사 모두가 배워가는 단계이다. 그렇기 때문에 그것들이 공식화에 들어갈 수 있는 명확한 칸을 찾기 힘들다면 나중에 지울 수 있게 연필로 적거나 빈칸 밖에 적는 것도 괜찮다.

다음은 신념 영역으로 넘어가라. 내담자에게 다음과 같이 질문해 보아라. "초기 경험 상자에 있는 것들을 경험한 사람은 자신에 관해, 타인에 관해 어떤 신념을 가지고 있을까요?" 내담자의 핵심 신념과 삶의 규칙에 접근하는 방법 중에 하나는 그들의 생각 기록지를 관찰하는 것이다. 반복적으로 떠오르는 주제를 보는 것은 그들의 삶의 규칙과 핵심 신념을 알아보는 데에 주요한 기능을 한다. 다른 방법은 하향 화살표 기법을 쓰는 것이다. 이것을 위해서는 내담자의 부정적 사고 중 하나를 가지고 "이러한 상황이 당신에게 어떤 의미이며 당신에 대한 어떠한 말을 해주나요?" 혹은 "이것이 사실이라면 그 일의 무엇이 그렇게 안 좋았나요?", "이것이 당신에게 어떤 의미이며 당신에 대한 어떠한 말을 해주나요?"라는 질문을 당신이 내담자의 핵심 신념에 도달할 때까지 내담자가 대답을 할 때마다(양파의 껍질을 벗기듯이) 계속 반복해야 한다. 이것의 예를 보기 위해서는 그림 6과 그림7을 참고하라('활동지 34: Mark의 핵심 신념', '활동지 35: Cassie의 핵심 신념').

이 작품은 쓰레기야!(*이것이 사실이라면 당신에게 어떠한 의미인가요?)
⬇
나는 쓰레기 같은 작가야.(*이것이 사실이라면 무엇이 그렇게 나쁜가요?)
⬇
나는 충분하지 않아.(*이것이 사실이라면 당신에게 어떠한 의미인가요?)
⬇
나는 완전히 실패자야(Mark의 핵심 신념)

그림 6 Mark의 핵심 신념

무슨 말을 해야 할지 모르겠어.(*이것이 사실이라면 당신에게 어떠한 의미인가요?)
⬇
나는 재미없는 사람이야.(*이것이 사실이라면 무엇이 그렇게 나쁜가요?)
⬇
사람들이 나와 친해진다면 나를 좋아하지 않을 거야.
(*이것이 사실이라면 당신에게 어떠한 의미인가요?)
⬇
그 누구도 나를 사랑하지 않을 거야!(Cassie의 핵심 신념)

그림 7 Cassie의 핵심 신념

삶의 규칙은 행동의 패턴을 파악하고 핵심 신념과 연결시킴으로써 발견될 수 있다. 내담자에게 다음과 같이 질문하라.

- 내담자의 핵심 신념이 현실로 실현되는 것을 방지하게 위해 그들은 무엇을 하는가.
- "만약 그렇다면 …하다"라는 문장 완성하기(Cassie의 예에서는 "당신이 만약 다른 사람과 가까워진다면 그 후에는 어떤 일이 일어날까요?"라고 물어볼 수 있다. 그렇다면 Cassie는 그 후에 일어날 일에 대해서 생각을 해야 될 것이다).

'왜 지금?'의 영역으로 넘어가서 내담자에게 상황이 진짜로 악화되기 시작하기 선에 내담자에게 어떤 일이 있었는지 물어보자. 유발 사건이 있었는가? 왜 상황이 이렇게 되었는가?

'왜 지금?'을 완성하였다면 '왜 아직도?'를 완성하라. 이 영역에서는 문제가 유지되는 요소에 대해 집중한다. 이 영역은 그들의 자해 행동이 어떻게 이런 악순환으로 발전하게 됐는지에 대한 통찰이 생기기 시작하면 완성할 수 있다. 이러한 통찰은 행동을 이해하는 것이고 문제를 유지하는 것에 대해서 반응하는 것이다.

이 활동은 '도움이 되는 것'으로 끝난다. 이 영역에서의 목표는 내담자가 하고 있는 긍정적인 일을 밝히는 것이다. 우정, 외출, 취미, 흥미, 감정이나 어려운 상황에 대한 조절 능력 등의 보호적인 요소를 포함해라.

이것은 공식화의 시작이라는 것을 상기하라. 이것은 현재 모듈 전반적으로 내담자와 함께 수행할 지속적인 작업으로, 당신은 다음 회기의 대부분의 시간을 이와 계속해서 관련지어 진행할 것이다.

8회기 종결

- 문제와 척도의 리뷰, 즉 이 단계에서는 지난 회기를 검토하고 척도를 점검하는 것이 좋다. 내담자에게 회기의 끝에 있는 그들의 피드백을 통해 회기를 점검하고 있었으며, 이것은 최초의 목표를 되돌아보는 기회가 되고 치료가 어떻게 진행되었는지 볼 수 있도록 스트레스의 수준을 재평가할 수 있다고 말해라. 각 문제를 큰 소리로 읽고 현 시점에서 문제의 심각성을 말해 보라고 하라(10점 만점 기준). 그들에게 최초의 점수를 알려주지 마라. 문제가 바뀌었다면 2회기에서처럼 그것에 대해 다시 적어라. 또한 처음에 실시했던 설문을 다시 하라(우울 척도, 자존감 척도 등).
- 과제: 사고에 도전하기를 계속하고, 가능하다면 활동 계획하기도 해 보아라.
- 피드백

참고 문헌

1. Greenberger, D. and Padesky, C.A. (1995) *Mind over Mood: Change How You Feel by Changing the Way You Think*. New York: Guilford Press.

2. Costello, E.J.. and Angold, A. (1988) Scales to assess child and adolescent depression: checklists, screens, and nets. *Journal of the American Academy of Child and Adolescent Psychiatry 27*, 726-737.

3. Rosenberg, M. (1965) *Society and the Adolescent Self-image*. Princeton, NJ: Princeton University Press.

청소년 내담자를 위한 유인물: 8회기

공식화

공식화는 당신의 이야기가 어떻게 들어맞는가를 보는 것이다. 이전 회기에서는 공식화를 구성하는 각각의 부분(핵심 신념, NATs, 삶의 규칙)에 집중했다. 공식화의 목적은 당신이 어떻게 지금의 자신이 되었는지 알아보고, 왜 당신이 행동하는 방식으로 세상을 경험하고 있는지를 파악하는 것이다. 삶의 지도를 그리는 것과 같다. 과거로 돌아간다는 것은 불편할 수 있으며 불쾌한 기억을 불러일으킬 수 있다. 하지만 이것은 무엇이 당신을 특별하게 만드는지 이해하는 것을 도와주는 굉장히 중요한 과정이고 자신의 약점을 발견하고 같은 실수를 되풀이하지 않도록 하는 데에 유용하다.

공식화는 (유아기 때를 포함해서) 초기의 경험이 우리 머릿속에 프로그램화되어서 자기 자신, 세상, 타인 그리고 미래에 대한 특정 신념을 형성한다는 가정 아래에 있다. 이러한 내재된 신념은 계속적으로 바뀌는 세상에 적응하고 우리에게 주어진 정보를 바르게 해석하는 데에 유용하게 작용한다. 예를 들어, 의자를 볼 때마다 그것이 어디에 쓰이는 물건인지 해석해야 한다면 굉장히 피곤할 수밖에 없을 것이기 때문에, 이것은 꽤 유용한 것이다.

하지만 예를 들어, 어린 아이가 어떤 사람에 근처에 있을 때 두려움을 느낀다면 '타인은 두려운 존재이다'라는 믿음을 형성하게 되고 이러한 믿음은 그들의 행동을 지배하게 될 것이다. 반대로 그들이 자기와 다른 능력을 가지고 있는 형제와 늘(불합리하게) 비교된다고 느끼기 시작한다면 '타인은 나보다 잘났어' 혹은 '나는 별로야'라는 믿음을 가지게 될 수도 있다.

따라서 우리가 아주 어릴 때 핵심 신념이 형성되며 우리가 성장함에 따라 더욱 자리 잡으며 강화된다. 그리고 이것은 우리가 따르게 되는 삶의 규칙을 만들어 때때로 우리가 의식하지 않을 때도 자동적으로 그렇게 살게 된다. 가끔은 특정한 믿음이 핵심 신념을 '활성화'할 수 있다. 예를 들어, 자신이 사랑스럽지 않은 존재라고 믿는 사람은 관계의 깨짐을 경험할 때 우울증에 걸릴 수 있다. 이것은 차례로 NATs증가로 이어지고 핵심 신념을 강화하는 행동으로 옮겨진다.

제3장

대처 전략

이 단원은 10개의 모듈로 나누어진다. 이전에도 말했듯이, 청소년 내담자가 얼마나 개념을 쉽게 이해하는지 또는 이미 그 개념을 사용하고 있는지에 따라 각 모듈에 1, 2회기 정도를 소요하게 하는 것이 바람직하다. 대처 나무 모듈은 청소년 내담자로 하여금 가장 바람직한 전략을 사용하도록 도와주기 위한 것이다. 이 모듈에 한 회기를 전부 사용할 필요가 없을지 모른다. 그러한 경우에는 다른 단원을 대처 나무와 결합하여 진행하는 것이 유용하다. 기본적인 대처 전략의 일부가 이전 회기에서 이미 사용됐을 수도 있다는 점을 주의하라. 이러한 경우에는 그것을 재검토하고, 필요하다면 그것을 기반으로 하는 것도 좋다.

목적
이 단원의 전반적인 목적은 내담자로 하여금 자해에 대체할 수 있는 다양한 대처 전략을 탐색하게 하여 자신의 감정과 어려운 상황을 효과적으로 조절하도록 도와줄 기술을 익히게 하는 것이다. 치료의 이 단계에 도달했을 즈음에는 당신이 청소년 내담자가 사용하는 대처 전략에 대한 괜찮은 아이디어를 가지고 있을 것이라고 예상된다. 이 단원에서는 구체적인 대처 전략과 기술을 가르치고 더욱 강화하고 발전시킬 것이다.

각 모듈은 청소년 내담자의 필요에 따라 유연하게 사용되고 진행되도록 설계되었다. 이 기술은 인지행동 치료나 DBT(변증법적 행동 치료)에서 가져왔으며, 어떤 기술은 '변화' 전략에 초점을 두고, 다른 기술은 '수용' 전략에 초점을 둔다. 변화 전략은 전통적인 CBT에 입각한 것으로, 내담자의 능력 부족이나 특정한 문제와 같은 교육이나 변화가 필요한 부분을 겨냥한다. 수용 기술은 스트레스 수준이 감소할 때 문제를 변화시키는 관점과 함께 당시에 내담자가 처한 환경을 스스로 인정하도록 도와주기 위해 설계되었다.

3장의 목표

9회기

- 청소년 내담자에게 가장 적합한 대처 전략이 무엇인지 결정하기(모듈 14)
- 문제 해결에 대한 개념을 소개하고, 예시를 참고한 후, 문제 해결을 위한 내담자 개인의 사례를 사용해 보기(모듈 15)

10회기

- 내담자가 효과적으로 상호 작용할 수 있고 스스로의 문제를 더 잘 관리하기 위해 사용할 수 있는 3가지 기술에 대해 토의하기(모듈 16, 17, 18)

11회기

- 내담자가 스스로의 두려움에 맞설 수 있게 돕기(모듈 19)

12회기

- 대처 나무의 '마음 챙김 알아차림' 가지를 통해 3가지의 수용 기반 전략을 소개하기 (모듈 20, 21, 22)

13회기

- 자해의 대안이 될 만한 행동을 생각해 보고 전 회기에서 이야기를 나눴던 다양한 대처 전략에 대해 요약하기(모듈 20, 21, 22)

참고 문헌
1. Linehan, M. (1993) *Cognitive Behavior Treatment of Borderline Personality Disorder*. New York: Guilford Press.

이 회기는 모듈 14, 15를 포함한다. 대처 나무를 이용해서 상담사와 청소년 내담자가 가장 적절한 대처 전략을 결정하도록 돕는 것이 목표이다. 이 회기는 첫 번째 기초 기술인 문제 해결과 함께 이어서 진행한다.

> **9회기: 상담자를 위한 참고 자료**
>
> - 어떤 대처 전략을 사용할지 정하기(대처 나무)
> - 문제 해결

—— 모듈 14: 대처 나무

목표

대처 나무는 상담사와 청소년 내담자가 가장 적절한 대처 전략을 선택하도록 고안되었다. 연구에 따르면, (이전 모듈에서 다루었던) 우울, 문제 해결의 어려움 그리고 감정조절은 자해를 하는 청소년 내담자를 보호하기 위해 매우 중요하게 다뤄져야 할 영역이다. 예를 들어, 격한 감정을 다루는 데에 어려움이 있는 사람에게는 대처 나무의 '마음 챙김' 가지를 사용해야 할 것이다. 반대로, NATs가 많고 우울감을 느끼는 내담자에게는 대처 나무의 감정, 생각, 행동 가지를 사용하는 것이 더욱 효과적일 것이다.

대처 나무를 무조건적으로 따를 필요는 없으며, 지침으로 사용하면 된다(주요 회기 주제를 참고하라).

의제

- 지난 회기와 연결
- 과제 검토
- 청소년 내담자가 가져오는 사안
- 회기의 핵심 주제

- 과제 계획
- 피드백

회기의 핵심 주제

'활동지 36: 대처 나무'를 청소년 내담자에게 나눠 주어라. 청소년 내담자에게 나무를 보라고 하고 당신이 다이어그램을 통해 그림을 설명해 줄 것이라고 말하라. 이것은 그들이 갑자기 "격앙된 감정"을 느낄 때에 어떤 대처 전략을 사용할지 결정하는 하나의 방법임을 설명하라. 때로는 강한 감정을 감소시키기 위해 부정적 사고에 즉각적으로 도전하는 것이 도움이 된다고 설명하라. 하지만 어떤 경우에는 떠오르는 생각을 이렇다 정의하기가 어려울 때가 있고 생각이나 사고를 그냥 받아들이고 그것을 잠시 동안 내버려 두는 것이 더 빠르고 쉬울 수도 있다. 이것은 추후에 감정이 가라앉았을 때에 그 생각에 대처할 것을 염두에 두는 것이다.

감정 척도에서 5 이상의 고조된 감정을 경험할 때는 대처 나무를 사용할 수 있다고 내담자에게 설명하라. 아래에서부터 시작해서, 나무를 타고 뿌리부터 올라가면서 어떤 대처 전략을 사용해야 할지와 같은 행동 방침을 결정하는 것이다. 이 시점에서 내담자는 한 발자국 물러서서 상황을 분석해야 한다. 그가 처한 환경 그리고 그의 생각과 몸에서 일어나는 반응에 관해 그의 감정과 생각이 어떠한 정보를 주고 있는지 말이다. 그들에게 최근에 가장 감정이 고조되었던 사건 하나를 선택하게 하여 연습을 해 볼 수도 있다.

대처 나무: Cassie

Cassie는 그녀의 친구가 자신의 숙제를 도와주기 위해 전화를 하지 않았을 때 느낀 공허함과 외로움이라는 강한 감정에 대해 묘사했다. 그녀는 이것에 대해 감정 척도에서 6을 표시했다. 대처 나무를 참고로 이용하여 그녀는 그녀의 감정을 유발했던 상황으로부터 그녀 자신을 분리할 수 있었다.

그녀는 그녀의 자동적 사고 또는 행동과 같은 그녀가 상황을 다루었던 방식에 대해서 회상했다. 예를 들어, 그녀의 머릿속에 떠올랐던 자동적 사고는 다음과 같다. 그 순간에 그녀는 "모든 사람은 나를 실망시켜. 내 곁에는 아무도 없어."라고 생각했다. 그녀의 신체적 반응으로 울음이 터졌고, 그녀는 그녀의 몸이 얼마나 무감각했는지에 대해 설명했다. 공허한 마음을 달래기 위해서 그녀는 그녀의 허벅지에 칼로 상처를 냈다.

그 상황을 되돌아봤을 때, Cassie는 당시 그녀의 부정적이고 역기능적인 사고에 도전할 수 있는 새로운 생각을 떠올릴 수 있었다. 예를 들어, 그녀의 친구들과 가족들이 그녀에게 도움을 주러 그녀에게 와주었던 경험을 떠올릴 수 있었다. 또 그녀는 그녀 친구의 입장에서 상황을 바라볼 수 있었다. 생각해 보니 그녀의 친구는 매우 바빴으며 단지 전화를 거는 것을 잊은 것뿐이었다. 그 친구가 그녀를 싫어한다고 생각할 만한 이유는 없었다.

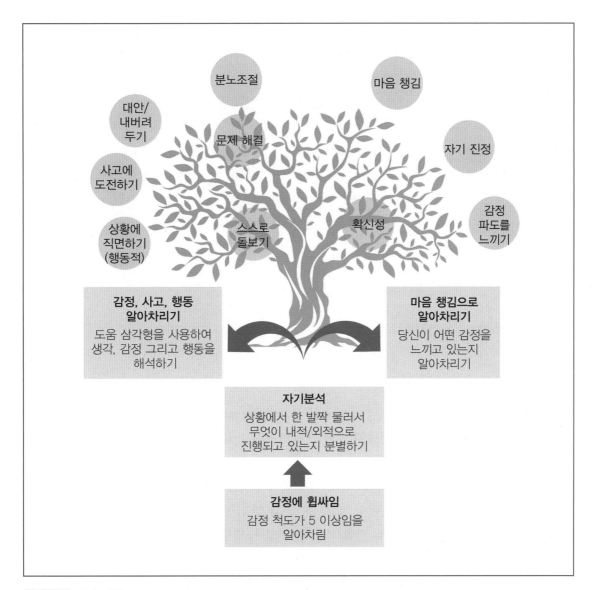

그림 8 대처 나무

Cassie가 사용할 수 있었던 대처 전략으로는 부정적 사고를 내려놓고 숙제를 하면서 감정이 가라앉을 때까지 기다리는 방법도 있었다.

내담자의 상황 분석이 다 되었으면 나무를 타고 올라가서 내담자의 두 가지의 주요 선택지가 적혀 있는 영역으로 이동할 수 있다. 부정적 해석과 (도움 삼각형을 완성하여 확인된) NATs들이 있다면 왼쪽에 있는 변화-기반 전략을 사용할 수 있다. 반대로 내담자가 격한 감정을 느끼는 경우라면 오른쪽의 수용-기반 전략을 사용하는 것이 좋다. 이 두 가지 선택지를 자유롭게 바꿀 수 있지만 바꾸기 전에 자신이 선택했던 선택지를 끝까지 시도해 보라고 설명하라.

대처 나무의 어떤 영역을 선택할지에 대한 결정의 기준은 내담자가 얼마만큼의 스트레스를 경험하고 있는가와 인지적 재구조화 기법을 사용하는 데에 얼마나 훈련이 되었는지이다. 내담자의 불안, 분노, 우울 등의 감정이 극도로 고조된 경우에는 사고에 도전하는 것이나 변화 전략을 사용하는 것이 힘들 수도 있다. 그렇기 때문에 마음 챙김 또는 수용 전략을 먼저 사용하는 것이 좋다.

앞으로의 회기에서 도움 삼각형을 통하여 힘든 시기에 대한 주요 사항을 검토하고 적기 위해서 도움 삼각형과 도전적 사고를 훈련하는 것이 좋다.

3장의 나머지 부분에서는 대처 나무에 있는 각 대처 전략에 관해 더 상세히 들어갈 것이다. 이 책에 나와 있는 순서대로 대처 전략을 배워도 되지만, 내담자에게 필요한 것 위주로 집중해도 좋다. 하지만 다음 모듈에 나오는 문제 해결은 모든 내담자가 해야 할 것이다. 이것이 중요한 이유는 자해하는 사람들의 경우 문제를 해결하는 방법을 몰라 자해가 아닌 다른 대처 방안을 선택하는 데에 어려움을 겪기 때문이다. 청소년기의 자해는 저하된 문제 해결 능력와 연관이 있다.

━━ 모듈 15: 문제 해결

목표

자해와 같은 역기능적 행동은 해결되어야 할 문제이거나 삶의 문제에 대한 잘못된 해결로 종종 여겨진다. 이 모듈의 목적은 내담자에게 문제 해결 능력을 가르쳐서, 이것이 우리 모두에게 필요한 능력임을 인지하도록 도와주는 것이다.

우울하거나 무기력하거나 불안하거나 자신감이 부족한 것은 문제를 효과적으로 해결하고자 하는 우리의 능력을 저하시킨다. 나아가 어떤 내담자는 문제 해결 능력을 한번도 습득한 적이 없어서 자신의 문제를 자해와 같은 부적응적인 방법으로 대처하였다. 반대로 문제를 해결하기 위한 시도는 강화되지 않았을 수 있으며, 심지어 환경에 의해서 지양되었을 수도 있다. 예를 들어, 학교에서 어려움을 겪고 있는 여학생은 학구적인 분위기가 낮은 학교로 전학을 가고 싶어 할 수 있다. 그러나 이러한 그녀의 생각을 받아들여 주거나 지지해 주는 대신, 그녀의 부모님은 자신의 딸이 왜 '좋은' 학교를 떠나고 싶어 하는지 이해할 수 없기 때문에 오히려 화를 내거나 전학을 허락하지 않을 것이다. 그들은 자녀에게 벌을 주려는 의도는 없었을 수 있지만 그들은 자녀가 어려운 문제를 해결하기 위한 시도에 대한 어떤 이해나 지지를 행동을 통해 보여 주지 못했다.

이 모듈의 주요 목표는 청소년 내담자가 자해에 대해 대안적인 전략을 세우게 하는 것이다. 그리고 그들에게 문제란 모든 사람이 겪는 일상적인 것이라는 사실을 말해 주어라. 부모, 친구, 이성친구, 학교, 직장 등 거의 모든 것이 우리 삶의 언제 어디서든 문제를 유발할 수 있다. 다행히도 우리는 우리의 삶 속에서 직면하는 문제에 잘 대처하고 있으며 이것을 빠르고 신속하게 처리할 수 있다.

그러나 다른 문제는 더욱 해결하기 어려울 수도 있다. 이것은 다음과 같은 이유 때문일 수 있다.

* 문제가 꽤 자주 발생한다.
* 문제가 지속된 지 꽤 되었다.

- 문제가 너무 크다고 느껴진다(이것은 큰 문제 하나로부터 발생하거나, 또는 많은 작은 문제로부터 일어날 수 있다).
- 내담자가 하는 모든 일에 영향을 미친다.
- 문제가 감정적으로 격앙된 상황에서 일어난다.

때때로 이러한 문제가 내담자의 삶을 휩싸며 삶 자체가 하나의 큰 근심거리가 된다. 그리고 당신이 문제를 해결하려 할 때, 당신은 상황을 더 악화시킬 수 있고 당신이 원하는 결과에 도달하지 못할 수 있으며 또한 잠재적인 해결 방법 모두가 단점 하나씩을 가지고 있을 수 있다. 결과적으로 당신은 아무 것도 할 수 없다고 느끼는 것이다.

문제 해결은 아침으로 무엇을 먹을지 결정하는 것만큼 간단한 일이 될 수 있다. 반대로 어떤 것이 가장 중요한 것인지 결정하는 것, 또는 친구와 말다툼한 후 어떻게 풀어야 할지 결정하는 것만큼 복잡할 수도 있다. 하지만 어떤 상황이더라도 생각조차 하기 싫은 문제일지라도 문제를 회피하지 않고 해결하려고 애쓰는 것이 중요하다. 그렇지 않으면 '완벽한' 해결 방법을 찾아야 한다는 것에 압도될 수 있다. 어떤 문제는 너무 오래 방치할 경우 더 심각해질 수 있다. 특히 대인관계의 문제에서는 상대방이 질려버리거나 인내심을 잃을 수도 있다.

문제 해결은 걱정이나 하나의 사안을 구체적인 문제로 나누고, 적용 가능한 해결 방안을 강구하기 위해 분석한 다음, 그것이 실제로 고쳐질 수 있다면 해결하려는 시도를 하는 과정을 포함한다. 그러므로 우리가 해결할 수 없는 세계 기아 문제에 대해 끊임없이 고민하는 것은 소용이 없다. 그러나 늘 걱정만 하는 문제를 우리는 해결할 수 있다. 이것은 해결 가능한 문제(근심)를 잠정적으로 정의하여 적용 가능한 몇 가지의 해결책을 만들고, 각각의 장점과 단점을 비교한 다음, 가장 합리적인 해결책부터 시도해 보는 것이다.

활동: 문제-해결

'활동지 37: 문제 해결'을 청소년 내담자에게 나눠 주어라. Katy와 Jessica의 예시를 읽고 각 단계마다 청소년 내담자에게 자신이 비슷한 상황에 놓여 있다면 어떻게 했을지 물어보아라.

Katy

"어떻게 해야 할지 모르겠어요. 최악이에요! 어제였어요! Shelley랑 같이 버스에서 제 또 다른 친구인 Lennie에 관해 이야기를 하고 있었어요. 나는 그저 Lennie가 괜찮은 친구인 것 같다고만 말했어요. 그런데 Shelley가 완전히 오해해서 학교에 제가 Lennie를 괜찮게 생각한다고 소문을 냈어요. 학교에 도착했더니 다들 그 이야기를 하고 있는 거예요! Lennie 여자 친구가 나를 째려봐서 때릴까봐 무서웠어요. 다들 나를 비웃고 있어요! 다시는 학교에 갈 수 없어요!"

항상 이런 식이야! 아빠의 바보 같은 규칙들에 진절머리가 나요. 집에 같이 살지도 않으면서 엄마한테 항상 이래라저래라 하고! 왜 아빠는 제가 제 인생을 살 수 있도록 절 내버려 두지 않을까요? 이번에 다들 가는 모임이 있는데! 너무 바보 같아요. "학교를 가야 하는 주중"은 듣자하니 너무 늦게 끝날 거 같다고 날 못 가게 해요! 자기가 뭔데! 나한테 언제 신경 썼다고!

1단계: 문제 파악하기

Katy는 학교에서 그녀의 친구, Lennie 그리고 다른 사람들과의 문제를 어떻게 해결할 것인가?

2단계: 적용 가능한 해결책을 모두 나열하기

1. 다시는 학교에 가지 않는다.

2. Shelley에게 악에 받친 이메일을 보낸다.

3. Lennie의 여자 친구에게 싸움을 건다.

4. Lennie와 키스를 한다.

5. 사람들이 비웃는 것을 무시한다.

6. 집에 가서 울고 진통제를 먹는다.

7. Shelley와 대면하여 오해를 푼다.

8. Lennie와 그의 여자친구에게 실제로는 무슨 상황이었는지 말해 준다.

9. Lennie에게 자신의 말을 전해 달라고 다른 친구들에게 부탁한다.

10. 선생님께 말씀 드린다.

3단계: 가능한 해결책을 각각 고려해보기

예를 들어, '해결책 1: 다시는 학교에 가지 않는다'를 고려해 보자.

• 장점: 수치심을 느끼지 않아도 된다. 어쨌든 나도 학교를 좋아하지 않는다.

• 단점: 아빠한테 혼난다. 고등학교 졸업 시험도 못 치고 대학에도 못 간다. 친구들은 자기들이 이겼다고 생각할 것이고 나는 약자가 되어버린다. 친구들을 모두 잃게 된다.

4단계: 최선의 해결책을 선택하거나 해결책을 조합해 보기

• 해결책 5: 그들이 나를 이겼다고 느끼는 것이 싫기 때문에 그냥 그들의 비웃음을 무시한다.

• 해결책 8: Lennie와 그의 여자 친구와 만나서 오해를 푸는 것은 쉬운 일은 아니지만, 이 선택 지에는 단점보다는 장점이 많다.

5단계: 최선의 해결책을 실행하기 위한 계획 세우기

• 내 생각이 깔끔하게 정리가 되도록 내가 하고 싶은 말을 글로 쓴다.

• Lennie와 그의 여자친구 둘만 만날 수 있는 적절한 시간을 정한다(영어 수업 이후).

• 그들과 싸우려고 하는 것이 아니라 단지 대화하고 싶은 것임을 명백히 한다.

- 나는 오로지 친구로서 Lennie를 좋아하는 것이며 그녀로부터 Lennie를 뺏으려 한 적이 없고, Shelley가 완전히 오해한 상황이라는 것을 설명한다.
- 이후에 내 친구들에게 모든 것을 확실하게 말한다.

6단계: 진행 사항 검토하기
- 어떤 장애물이 있을 수 있을까?
- 그들과 어떻게 이야기를 해야 할까?
- 차선책은 무엇일까?

이 계획이 뜻대로 진행되어서 문제가 해결될 수 있다. 하지만 이 계획이 실패해도 Katy가 시도해 볼 수 있는 여러 가지의 해결 방안이 있다는 것을 기억해라.

사용 가능한 해결책 찾기: Katy

'셋이 만날 수 있는 방법을 찾으려고 매우 노력했는데, 그 둘은 항상 다른 사람들과 몰려다녔고 남들 앞에서 이야기하기 싫어서 이야기를 못했다. 대신 편지를 썼고, 문제가 다 해결이 되었다.'

이제, 청소년 내담자에게 자기만의 예시를 가지고 6단계를 수행해 보라고 하라.

1. 문제 파악하기
2. 적용 가능한 해결책을 모두 나열하기(열린 마음을 가지고 창의적으로 해도 된다. 극단적인 해결책이여도 된다. 내담자가 스스로 생각을 해 보도록 하는 것이 목적이다.)
3. 각 해결책의 장점과 단점에 대해 토의하기
4. 최선의 해결책을 선택하거나 해결책을 조합해 보기(가장 단점이 적고 장점이 많은 해결책이여도 좋고 내담자가 더 할 만하다고 느끼는 것이어도 좋다.)
5. 최선의 해결책을 실행하기 위한 계획 세우기
6. 진행 사항 검토하기
   - 어떤 장애물이 있을 수 있을까?
   - 그들과 어떻게 이야기를 해야 할까?
   - 차선책은 무엇일까?

첫 번째 해결책이 성공적이지 못하면 언제든지 4단계로 가서 다른 해결책을 시도해 볼 수 있다는 것을 기억해라.

9회기 종결

- 과제: 문제를 파악하여 6단계를 거쳐라. 이것이 회기 중에 이루어졌다면 일주일 동안 합의된 해결책을 시도해 보아라.
- 피드백

청소년 내담자를 위한 유인물: 9회기

1. 대처 나무-어떤 대처 전략을 사용해야 하는가?

대처 나무는 당신이 "격앙된 감정"을 느낄 때에 어떤 대처 전략을 사용할지 결정하는 하나의 방법이다. 때로는 강한 감정을 감소시키기 위해 부정적 사고에 도전하는 것도 도움이 될 것이다. 하지만 어떤 경우에는 떠오르는 생각을 이렇다 정의하기가 어려울 때가 있고 생각이나 사고를 그냥 받아들이고 그 것을 잠시 동안 내버려 두는 것이 더 빠르고 쉬울 수도 있다. 이것은 추후에 감정이 가라앉았을 때에 그 생각에 대처할 것을 염두에 두는 것이다.

나무의 밑 부분이 시작점이다. 이 지점은 감정 척도에서 5 이상의 고조된 감정을 처음 지각한 때이다. 당신이 이 감정을 지각했을 때, 아래에서부터 시작해서 나무를 타고 뿌리까지 올라가면서 무엇이 옳은 행동일지, 어떠한 대처 전략을 사용할지 판단하는 것이다. 이 시점에서 당신은 한 발자국 물러서 서 상황을 분석해야 한다. 당신 주위에서 일어나는 것에 대해 생각해 보고, 당신의 몸과 마음에서 일어 나는 반응에 관해 생각해 볼 필요가 있다. 당신의 생각과 감정에 집중해라.

무슨 일이 일어나고 있는지에 대한 분석을 마친 후, 나무의 몸통 영역으로 이동해라. 이제 당신은 두 가지의 대안이 있다. 당신이 상황의 부정적 측면에 놓여있거나 NATs를 지각했다면 변화-기반 전 략을 사용할 수 있다. 반대로 강한 감정만 느끼는 경우이고 명확한 생각이 떠오르지 않는다면, 오른쪽 의 수용-기반 전략을 사용하는 것이 좋다. 당신은 이 두 가지 전략을 자유롭게 바꿀 수 있고, 당신의 상담사는 이것에 관해 더 자세히 설명해 줄 것이다. 또한 앞으로의 회기 동안 여러 가지 예시를 보여 줄 것이다. 당신이 전략을 바꾸고 싶다면, 다른 전략으로 바꾸기 전에 처음 선택한 전략을 제대로 시도 해 보아야 할 것이다.

당신이 극도로 불안하거나 화가 나거나 우울한 경우에는 인지적 기법을 사용하는 것이 힘들 수도 있 다는 것을 기억해라. 그렇기 때문에 스트레스 수준을 감소시키기 위해 수용-기반 마음 챙김 방식을 먼 저 사용하는 것이 좋다. 그 다음 당신이 좀 더 차분해졌다면 변화-기반 전략 중 하나를 시도해 보 아라.

2. 문제-해결

자해는 종종 문제를 해결할 수 있는 대안적인 방법을 찾는 것을 어렵게 만든다. 이 단원에서는 자해 를 대체할 만한 방안을 간구하는 것을 목표로 할 것이다.

부모, 친구, 애인, 학교, 직장 등 거의 모든 것이 우리 삶 속에서 문제를 유발할 수 있다. 다행히도 우리는 우리의 삶속에서 문제를 꽤 능숙하게 대처하고 있고 그것을 빠르고 성공적으로 처리할 수 있다. 그러나 다른 문제는 더욱 해결하기 어려울 수도 있다. 이것은 다음과 같은 이유 때문일 수 있다:

- 문제가 꽤 자주 발생한다.
- 문제가 지속된 지 꽤 되었다.
- 문제가 너무 크다고 느껴진다(이것은 큰 문제 하나로부터 발생하거나, 또는 많은 작은 문제로부터

일어날 수 있다).
- 내담자가 하는 모든 일에 영향을 미친다.
- 문제가 감정적으로 격앙된 상황에서 일어난다.

때때로 이러한 문제가 당신의 삶을 휩싸며 삶 자체가 하나의 큰 근심거리가 된다. 그리고 당신이 문제를 해결하려 할 때, 당신은 상황을 더 악화시킬 수 있고 당신이 원하는 결과에 도달하지 못할 수 있으며 또한 잠재적인 해결 방법 모두가 단점 하나씩을 가지고 있을 수 있다. 결과적으로 당신은 아무것도 할 수 없다고 느끼는 것이다.

문제 해결은 아침으로 무엇을 먹을지 결정하는 것만큼 간단한 일이 될 수 있다. 반대로 어떤 것이 가장 중요한 것인지 결정하는 것, 또는 친구와 말다툼한 후 어떻게 풀어야 할지 결정하는 것만큼 복잡할 수도 있다. 하지만 어떤 상황이더라도, 생각조차 하기 싫은 문제일지라도 문제를 회피하지 않고 해결하려고 애쓰는 것이 중요하다. 그렇지 않으면 '완벽한' 해결 방법을 찾아야 한다는 것에 압도될 수 있다. 어떤 문제는 너무 오래 방치할 경우 더 심각해질 수 있다. 특히 대인관계의 문제에서는 상대방이 질려버리거나 인내심을 잃을 수도 있다.

문제 해결은 걱정이나 하나의 사안을 구체적인 문제로 나누고, 적용 가능한 해결 방안을 강구하기 위해 분석한 다음, 그것이 실제로 고쳐질 수 있다면 해결하려는 시도를 하는 과정을 포함한다. 그러므로 우리가 해결할 수 없는 세계 기아 문제에 대해 끊임없이 고민하는 것은 소용이 없다. 그러나 늘 걱정만 하는 문제를 우리는 해결할 수 있다. 이것은 해결 가능한 문제(근심)를 잠정적으로 정의하여 적용 가능한 몇 가지의 해결책을 만들고, 각각의 장점과 단점을 비교한 다음, 가장 합리적인 해결책부터 시도해보는 것이다.

다음은 문제 해결을 위한 6가지 단계이다.

1. 문제 파악하기
2. 적용 가능한 해결책을 모두 나열하기(열린 마음을 가지고 창의적으로 해도 된다. 극단적인 해결책이여도 된다. 내담자가 스스로 생각을 해 보도록 하는 것이 목적이다.)
3. 각 해결책의 장점과 단점에 대해 토의하기
4. 최선의 해결책을 선택하거나 해결책을 조합해 보기(가장 단점이 적고 장점이 많은 해결책이여도 좋고 내담자가 더 할 만하다고 느끼는 것이어도 좋다.)
5. 최선의 해결책을 실행하기 위한 계획 세우기
6. 어떻게 되는지 검토하기
   - 어떤 장애물이 있을 수 있을까?
   - 그들과 어떻게 이야기를 해야 할까?
   - 차선책은 무엇일까?

첫 번째 해결책이 성공적이지 못하면 언제든지 4단계로 가서 다른 해결책을 시도해 볼 수 있다는 것을 기억해라.

이 회기는 모듈 16, 17, 18에서 필요한 부분만 합쳐 놓은 것이다. 모든 모듈을 다 거칠 예정이라면 두 회기로 나눠서 이 모듈의 내용을 전달할 수도 있다. 세 가지의 핵심 기법을 다룬다. 처음 두 개는 관계에서의 기법이다. 자기 주장 말하기와 분노 조절이다. 이후에는 청소년 내담자가 스스로에 대해서 덜 비판적으로 바라보고 자기 자신을 어떻게 돌봐야 하는지에 대한 기법을 익힐 수 있도록 고안되었다.

> **10회기: 상담자를 위한 참고 자료**
>
> ・관계에서의 기법 – 자기 주장 말하기
> ・관계에서의 기법 – 분노 조절
> ・자기 관리하기 – 자기 비판 조절하기

▬▬ 모듈 16: 자기 주장 말하기

사람들이 자신의 필요를 내세우지 않고 자기 비판적이면 자존감이 하락하고 어려운 감정을 다루기 위한 전략으로 자해를 사용할 수 있다.

목표

이 단원의 목표는 내담자가 자신의 필요, 희망 사항, 소망이나 감정을 효과적으로 내세울 수 있도록 하는 것이다.

의제

- 지난 회기와 연결
- 과제 검토(문제 해결 과제를 검토하며 어떤 문제나 사안이 대두되었는지 같이 살펴보아라.)
- 청소년 내담자가 가져오는 사안(이에 관한 이전 기록을 참조하라)
- 회기의 핵심 주제

- 과제 계획
- 피드백

회기의 핵심 주제

자기 주장 말하기는 건강하고 생산적인 관계에서 요구되는 필수적인 기술이다. 사람들과의 관계에서의 문제가 발생할 때, 또는 그것에 대한 반응으로 수동적이거나 공격적인 행동을 보이게 되면 문제가 발생하게 된다. 자기 주장을 내세울 수 있는 능력을 가지는 것은 억눌린 좌절감을 느끼는 것을 피할 수 있도록 도와준다. 이러한 좌절감은 후회의 감정, 자기 혐오 그리고 최종적으로 자해로 이어지게 한다.

자기 주장 말하기에서 첫 번째 핵심 기술은 당신이 실제로 느끼는 것을 말하면서 당신이 원하는 것에 대해 협상을 하는 것이다. 청소년 내담자에게 다음과 같이 물어 보아라. '남에게 맞춰 주기 위해서 하기 싫은 일을 억지로 해 놓고서는 나중에 그 사람을 원망하지는 않나요?' 내담자가 이 감정에 공감한다면 계속 대화해라. 오히려 그들에게 압박이 가해졌을 때 화를 내고 공격적으로 행동하는 등, 내담자가 반대의 문제를 가지고 있을 수도 있다는 점을 명시해라. 하지만 이런 경우일지라도 자기 주장 말하기에 관한 깊은 토의는 유용할 것이다.

청소년 내담자에게 남의 뜻을 거절하는 것이 항상 쉬운 일이 아니라는 사실을 알려 주어라. 특히 친구를 거절하는 것은 쉽지 않으며, 우리가 타인과 잘 어울리기를 원하고 남들과 달라보이고 싶지 않는 경우 어려울 것이다. 많은 사람들은 자신이 실제로 느끼는 대로 표현하면 남들이 좋아하지 않을 것이라고 생각한다. 남들로부터 인정받지 못하는 것은 두려운 감정이기 때문에 우리의 일상에서 구체적인 것까지 보여 준다거나, 마약을 하거나, 수업에 결석하거나 파티나 클럽에 가는 등 우리가 정말로 하기 싫은 일을 해야 한다는 부담이 있을 때가 있다.

그러나 늘 남들 뜻대로 끌려 다니거나 그들을 기쁘게 하려고 애쓰는 것은 자기 자신에 대한 감정이 악화되거나 사람들로부터 존경받지 못하게 될 수도 있다. 자신의 권리를 주장하거나 다른 의견을 갖는 것은 가끔 거절을 해야 함을 의미한다. 거절하는 방법에는 여러 가지가 있다. 예를 들어, 다른 사람에게 소리치거나 위협을 가하는 등 공격적인 방법이 사용될 수 있지만 이 방법은 그다지 효율적이지 않다. 왜냐하면 상대방으로부터 화를 불러일으킬 수 있어 싸움으로 이어질 수 있기 때문이다. 따라서 '아니오'라고 말하는 것은 대안적인 방법이 될 수 있다. 당신은 침착한 방법으로 자기의 권리를 주장하며 상대방의 감정과 소망 또한 존중할 수 있다. 이것은 매우 효과적인 방법인데 젊은 사람과 나이든 사람을 막론하고 이것을 어려워하는 경우가 많다.

활동: 자기 주장 말하기

'활동지 38: 자기 주장 말하기'를 청소년 내담자에게 나눠 주고, Cassie의 어려운 상황을 다루기 위한 선택지를 함께 검토하고, 청소년 내담자에게 같은 어려움을 경험한 적이 있는가 물어보아라.

그리고 이러한 사회적 압력에 수긍하게 되었을 때 뒤따를 수 있는 결과에 대해 논의하라.

Cassie의 상황: 나에겐 힘든 결정이었지만 친구의 파티에 갔어요. 그런데 친구가 또 다른 파티로 옮겨 가자고 했어요. 나는 가기가 싫었어요. 너무 취했고 우울해서 그냥 집에 가고 싶었어요.

Cassie의 선택지

- '다른 사람 기쁘게 하기'의 결과: 전 결국 가게 됐고, 너무 싫었어요! 새 아빠보고 데리러 오라고 해야 되는 상황이어서 혼나기도 했고요. 제 자신이 너무 쓰레기처럼 느껴져서 집에 가서 팔을 진짜 심하게 그었어요. 그냥 하고 싶은 대로 할 걸 그랬어요.
- '공격적인 방법'의 결과: 내가 파티에 온 것에 대해서 아무도 고마워하지 않고 혼자 집에 가겠다고 하니까 저보고 이기적이라고 하더라고요. 저는 화가 나서 친구들에게 욕을 했어요. 그들이 가려고 하자 제가 병을 던졌어요. 이웃집에 사는 사람이 경찰에 신고했고 이제 친구를 모두 잃은 것 같아요.
- '자기 주장 말하기'의 결과: 정말 가기 싫었기 때문에 피곤하고 충분히 놀았다고 말했어요. 그들은 실망했고 저를 설득하려고 했지만 저는 뜻을 굽히지 않았어요. 결국 제 친구 Shally도 피곤하다면서 저와 함께 집에 가겠다고 했어요. 집에 같이 가면서 수다도 떨고 좋았어요.

활동: 자기 주장 말하기 역할극

활동지 38에서의 Cassie의 답변을 보고 빈칸을 활용하여 청소년 내담자가 비슷한 상황에서 어떻게 하였을지 탐색할 수 있다. 실제 내담자의 삶 속에서 무슨 말을 하고 싶었지만 하지 못하고 자신은 정말로 원하지 않았지만, 남들 하는 대로 따라한 경우를 기억하라고 한다(그러한 경험을 떠올리지 못한다면 Cassie의 경우로 한다).

상황 1: 내담자는 자신의 모습 그대로(자기 주장 내세우지 못하는 방식으로) 행동하며 상담사는 친구 또는 해당 타인의 역할을 한다.

상황 2: 내담자가 하고 싶었던 말, 혹은 청소년 내담자가 생각하는 '자기 주장을 하는 사람'이 할 수 있는 말에 대해서 탐색하라. 예를 들어, 내담자가 멋있다고 생각하는 사람, 강인한 소설 속의 인물, 수업 같이 듣는 친구, 가족 구성원 등이 했을 말에 대해 논의한다. 앞서 고려했던 전략을 사용하여 내담자는 자기 주장을 말하는 역할을 하면서 상담자는 피드백을 통해서 그러한 사람을 대하는 것이 어떤지에 관해 이야기해 준다.

상황 3: 역할을 바꿔서 내담자로 하여금 자기 주장을 내세우는 사람을 경험하도록 한다. 자기주장을 말하면 친구를 잃게 될 것이라는 신념을 타파하도록 청소년 내담자를 격려하고, 이것은 오히려 상대방으로 하여금 내담자에 대한 존중을 불러일으킨다는 것을 깨달을 수 있도록 대화를 유도하라.

역할극은 청소년 내담자가 자신의 계획이 성공하지 못할 것이라고 생각할 때, 자신의 계획을 수정할 수 있는 기회를 제공해 준다.

활동: 어떻게 자기 주장을 말할까?

문제를 경험할 때 자기 주장을 내세울 수 있도록 훈련하는 연습은 사회 적응적 행동을 개발한다. 이를 통해, 거절하는 방법을 계획하고 점검하여 직접 연습해 볼 수 있다.

활동지 38을 바탕으로 내담자와 다음의 세 가지 단계를 거쳐라.

1단계: 준비
- 하고 싶은 말: 타인이나 그들의 행동에 집중하지 말고 당신에게 중요한 상황이나 문제에 집중하여 설명해 보아라. 최대한 구체적으로 말해라. 예를 들어, "내가 보기에 너희들은 다른 파티에 가고 싶은 것처럼 보여."라고 말해라.
- 나의 감정: 그 상황이나 문제에 대한 당신의 생각을 말해라. 예를 들어, "그 파티에 함께 가지 못해 미안해."라고 말해라.
- 나의 소망: 상황을 바꾸기 위해 당신이 하고 싶은 말을 해라. 예를 들어, "나는 집에 가서 자고 싶어."라고 말해라.
- 결과: 확신을 가지고 말하고 특정한 방식으로 행동을 하는 것은 상황을 호전시키고 당신과 상대 모두를 위한 것이다. 예를 들어, "너희들은 파티에 가고 나는 집으로 가는 게 우리 모두를 위해 좋을 것 같아."라고 말해라.

2단계: 전략
'활동지 39: BEST 기술'을 청소년 내담자에게 나눠 주어라. 활동지의 줄임말은 청소년 내담자가 실생활에서 자기 주장을 내세우는 데 필요한 기본적인 행동방침을 기억하기 위한 것이다.

Be clear: 분명하게 말하라.
Express your feelings: 나 전달법을 사용하여 나의 감정을 표현하라.
Say what you want: 원하는 것을 침착하고 단순·명료하게 말하라.
Try to negotiate: 타협점을 찾아라.

청소년 내담자가 이러한 기본적인 규칙에 익숙해진다면 더 많은 기법을 활용해 볼 수 있다. 함께 검토하여 이러한 기법들이 유용하게 쓰일 수 있는 상황은 어떤 것이 있을지 내담자와 상의해 보아라 ('활동지 38: 자기 주장 말하기'를 참고하여라).

- 고장 난 CD: 자기 주장을 굽히지 않기 위해서는 자기 자신이 고장난 CD와 같다고 상상해 보라. 고장 난 CD가 같은 구간을 계속 반복하듯이 당신은 계속 "싫다"고 말하거나 자기 주장을

반복해서 말하는 것이다. 상대방이 무슨 말이나 행동을 하든 당신은 계속해서 같은 주장을 펼치면 된다.

- 글로 쓰기: 하고 싶은 말을 사전에 생각하고 리허설한다.
- 무시하기: 당신이 어떤 식이로든 압박받는 것처럼 느껴진다면 그것을 무시하라. 이것은 실행에 옮기기 어렵지만 상대방에게 강력한 메시지를 전달한다.
- 상황을 반전시키기: 문제를 상대방에게 넘겨라. 상대방에게 당신이 함께 할 수 있는 어떤 것이 있는지 생각해 보게 해라. 하지만 하기 싫은 것에 동의하지 말고 상대방에게 "너는 내가 동의해주길 바라지만 나는 '응.'이라는 대답은 못 하겠어. 우리는 어떻게 해야 할까?"와 같은 역질문을 하라.
- 쿨한 척: 자신감이 없더라도 자신 있게 행동하는 것에 집중해라. 동경하는 친구나 지인이 그 상황이었더라면 어떻게 행동했을지 상상하고 실행에 옮겨라.
- 받기 위해 주기: 가끔은 주고 받아야 할 때가 있다. 자기 자신이 하고 싶은 것을 포기하지는 않는 선에서 상대에게 맞춰 주려고 노력하라. 당신의 거절을 유지하면서도 제시할 수 있는 대안이 있는지 살펴보아라. 아마 당신이 만족할 수 있는 결과를 위해 당신의 요구가 줄어드는 것이 될 수도 있다.

Cassie가 자기 주장 말하기 전략을 사용했을 때 일어난 상황

친구가 영어 수업을 빠지자고 했어요. 친구가 숙제를 안 했거든요. 친구가 그것 때문에 걱정을 많이 하고 있었고 저는 친구를 실망시키고 싶지 않았어요. 그런데 한편으로는 영어 수업을 제가 제일 좋아하는 수업이고 지금 그 수업에서 시를 쓰고 있는데, 그 수업을 제가 지금 유일하게 흥미를 가지고 듣고 있기 때문에 빠지고 싶지 않았어요. 친구는 제가 수업에 가면 자기도 가야 하기 때문에 제가 이기적이라고 했어요. 그래서 저는 고장 난 CD 기법을 이용해서 친구에게 "네가 숙제 때문에 걱정하는 건 알지만 수업에 빠질 수는 없다"고 했어요. 친구가 계속 저를 설득하려고 했지만 저는 계속 "나는 영어 수업이 좋아. 빠지지 않을 거야"라는 말만 되풀이했어요. 말을 할수록 강해지는 느낌이었어요! 시간이 지나니까 친구도 그 말을 받아들였고 숙제를 못한 이유로 어떤 핑계를 대는 것이 좋을지 친구와 함께 고민해 봤어요.

3단계: 연습

강력하게 자기 주장을 내세우는 것이 늘 쉬운 것은 아니며, 자신감을 키우는 가장 좋은 방법은 연습하는 것이다. 청소년 내담자에게 자기 주장 말하기를 실행할 수 있는 일상 생활에서의 상황을 떠올려 보라고 하라. 작은 것부터 시작하는 것이 좋을 수도 있다는 것을 상기시켜라. 떠오르는 것이 없다면 다음과 같은 예시 사용할 수 있다('활동지 38: 자기 주장 말하기'를 참고하여라).

- 가게에 가서 물건이 어디에 있는지 물어라(예를 들어, 가게에서 샴푸가 어디 있는지 물어보아라).
- 지인과 이야기하는 동안 대화 주제를 당신이 원하는 화제로 돌려 보아라.

- 패스트푸드점에서 주문할 때 소스를 빼 달라고 하거나 토핑을 바꿔 달라고 요청하라.
- 친구와 외식할 때 점원에게 계산서를 달라고 하라.
- 헬스장에 전화해서 수업을 듣고 결제는 따로 해도 되냐고 물어보아라.
- 친구를 쇼핑이나 영화 관람에 초대하라.
- 가게에 들어가서 버스에 타기 위한 잔돈을 바꿔 달라고 요청하라.
- 친구에게 부탁을 들어달라고 하라.
- 누군가의 의견에 반대하라(예를 들어, 'EastEnders'라는 영화가 싫다고 해 보아라).
- 식당에서 음식이 너무 차거나 양이 너무 적다는 이유로 되돌려 주어라.
- 누군가가 나를 칭찬할 때 "감사합니다"라고 말하며 그 칭찬을 받아라.

다음으로 당신이 청소년 내담자와 함께 다룰 기법은 청소년 내담자가 자기 자신의 욕구를 인정하면서 타인과 잘 지낼 수 있는 기술의 연속이다. 내담자는 자신의 생각과 감정에 대한 분명한 연결고리를 가지고 있을 것이며, 특히 자기 자신에 대해 갖는 부정적인 생각의 경우 더욱 그럴 것이다.

모듈 17: 기초적인 분노 조절

목표

자해를 하는 많은 사람들은 분노 조절 문제를 호소한다. 이 모듈은 자세한 분노 조절 훈련 프로그램을 담고 있지는 않지만, 청소년 내담자가 자신에게 분노와 관련한 문제가 있다는 것을 인지하게 하고 분노가 조절 불가능할 정도일 때 그들을 이해시키고, 그들에게 이런 문제를 어떻게 다루는 것이 좋을지 알려줄 수 있다.

회기의 핵심 주제

청소년 내담자가 사전에 언급한 적이 없다면 분노 때문에 문제가 생기거나, 그들이 어떤 상황을 망친 적이 있는지 물어라. 내담자가 그것이 그들에게 문제가 되지 않는다고 하면 모듈 18로 넘어갈 수 있다. 그러나 내담자가 그들의 분노로 인한 문제가 있었다고 인정한다면, 이 모듈을 계속해서 진행해라. 분노 자체가 잘못된 것은 아니라는 점을 알려 주어라('감정은 우리의 친구' 활동 참고). 하지만, 분노가 대인관계에 부정적인 영향을 미치거나 청소년 내담자의 일상적인 기능을 방해할 때 문제가 발생한다. 예를 들어, Mark의 분노 척도를 보아라(그림 9). 그는 때때로 그의 분노를 조절하지 못하여 선생님 앞에서 다른 학우를 때려서 정학을 당한 적이 있다.

Mark의 예를 본 후에, 청소년 내담자에게 분노 조절의 첫 단계는 자신의 분노가 심화되는 과정을 인지하는 법을 배우는 것이라고 알려 주어라. 알아차림이 있다면 기능적 상호관계적 기법(자기 주장 말하기, 마음 챙김, 방해)을 사용해서 분노가 통제 불능 상태가 되기 전에 상황에서 벗어날 수 있다.

```
10 - 상대방을 때리기
 9 - 욕하기, 땀이 나고 얼굴이 빨개짐
 8 - 상대를 때릴 것을 협박함, 주먹을 세게 쥠
 7 -
 6 -
 5 -
 4 - '진짜 열받게 하네. 나 곧 진짜 화날 듯'이라고 생각함
 3 - 몸이 뜨거워지는 것 같고 심박수가 빨라짐
 2 - 살짝 거슬리고 이 상황에서 나가고 싶음
 1 -
 0 -
```

그림 9 Mark의 분노 척도

활동: 나의 분노 척도

'활동지 40: 나의 분노 척도'를 청소년 내담자에게 나눠 주고 화가 날 때 1에서 10까지 가는 데 얼마나 빠르게 도달하는지 물어라. 분노의 단계마다 어떻게 느끼는지 기록하라. 청소년 내담자와 이 활동을 할 때, 각 단계마다 내담자의 생각, 행동 또는 예상되는 행동뿐만 아니라 그들이 보이는 신체적 반응을 파악해라. 각 단계마다 느끼는 반응, 감정, 생각을 더 많이 알고 있을수록 사전에 이 과정을 멈출 수 있다.

활동: 상상해 보기

청소년 내담자가 극도로 화가 나서 분노 조절에 완전히 실패했던 가장 최근 경험을 떠올려 보라고 하라. 그리고 그 일 때문에 분노 척도에서 2 혹은 3에 도달했다고 하자. 전 활동에서 이 단계에 대응되는 반응을 파악하라. 그리고 대처 전략(예를 들어, 상황을 떠나 버리기, 자기 주장 말하기 등)을 세워라. 분노를 유발하는 것, 예를 들어 누군가가 내담자를 약 올릴 때를 상상하면서도 침착함을 유지하는 연습을 하라. 이 활동은 매일 연습될 필요가 있기 때문에, 이번 회기의 숙제로 정해지는 것이 좋을 것이다.

청소년 내담자와 함께 이 모듈을 진행했다면, 모듈 18은 스스로를 안정시키는 데 도움이 될 것이다.

━━━ 모듈 18: 스스로 돌보기

목표

이 모듈에서는 자기 비판적 사고를 강조하여 청소년 내담자의 자해를 유발하는 부정적 사고에 도전하고, 그들이 다른 대안이나 스스로를 바라보는 더욱 긍정적인 방향을 찾도록 도울 것이다.

활동: 자기 소개

자기 자신을 가장 잘 나타내는 단어나 문장을 최소 10개 생각해 보도록 하라. 최소 2개의 긍정적 단어를 사용하도록 하라(청소년 내담자에게 그들이 이전에 파악했던 긍정적인 특성을 상기시키기 위하여 활동지 14에서 했던 것을 참고할 수 있다). 하지만 원한다면 부정적인 단어를 사용해도 좋다. 이를 통해 내담자의 낮은 자존감이나 부정적인 감정을 입증할 수 있다.

활동: 자기 비판적인 생각에 도전하기

우리 자신을 가장 잘 나타낸다고 믿는 단어가 자기 비판적일 수도 있다는 것을 설명하라. 내담자에게 자기 비판적인 생각(예를 들어, '나는 쓸모없는 인간이야.')을 적도록 하고 방금 자기 묘사하기 목록에 적었던 단어와 지금의 생각이나 단어 사이의 어떤 공통점이 있는지 생각해 보게 하라. 어떻게 비교되는지 보아라. 모듈 10을 상기시켜서 자동적이고 부정적인 사고를 다루는 방법을 기억하게 하라.

'활동지 41: 당신의 사고에 도전하기 위한 도움'을 내담자에게 나눠 주어라. 이 활동지는 자기 비판적인 생각에 대한 대안을 찾는 데 도움을 줄 것이다.

> Jessica의 자기 비판적 생각
>
> 사랑스럽지 않다, 감정 기복이 심하다, 뚱뚱하다….
>
> Jessica는 자신의 생각 기록지를 보면서 그녀의 NATs 감정 기복에 도전할 만한 생각과 뒷받침하는 생각을 생각해 냈다. 그녀는 몇 가지의 대안을 적고, 다음 한 주 동안 이에 대한 증거를 수집했다.

이전의 활동
- 나는 감정 기복이 있지만 모두가 그래. 그리고 기쁠 때도 많아.
- 내 감정을 보일 수 있다는 것은 좋은 거야.
- 내가 감정 기복이 심해서 기분이 안 좋을 때, 내가 진짜로 그렇게 이해하는지 점검해야겠어.

대안
- 내 친구 Sonia는 나처럼 되고 싶다고 말했어. 그리고 사람들이 그녀가 기분이 안 좋다는 것을 눈치 채게 내버려 두고, 그런 날은 억지로 괜찮은 척 하지 않아.
- 내 동료는 나와 함께 하는 것이 즐겁다고 말했어. 나는 그날 내가 꽤 우울했다고 생각했는데!

NATs 활동을 계속하라. 이전 모듈 10의 활동도 마찬가지로 하라. 청소년 내담자가 인지적 재구성 능력을 강화하여 이 기술이 완전히 숙련되도록 하는 것이 이 활동의 목표이다. 필요하다면 다음 회기에서도 진행될 수 있다. 예를 들어, 청소년 내담자가 우울하고 화가 나는 NATs를 경험하면 생각 기록지나 이전 모듈에서 사용했던 적절한 활동지를 활용할 것을 기억하라.

이 시점에서 내담자가 낮은 자존감을 가지고 있으며 자기 비판적이면, 모듈 18(b)의 과제를 이용하여 자존감을 높이는 것에 집중할 수 있는 옵션이 있다. 그들이 이전에 완성했던 강점(활동지 14)을 상기시켜라.

10회기 종결

- 모듈 16 과제: 내담자는 앞으로 자기 주장을 내세울 수 있는 상황에서 어떻게 반응할지에 대한 계획을 세워 그들이 어떤 전략을 사용할지에 대해 생각해 볼 수 있다. 가게에서 잔돈을 바꿔달라고 부탁하는 것과 같은 작은 것부터 해도 좋다.
- 모듈 17 과제: 분노 척도를 이용하여 잠재적인 분노 상황에서 척도 10에 도달하여 폭발하는 것을 예방할 수 있다. 자기 주장 말하기, 무시하고, 생각 도전하기 등 적절한 기술이나 전략을 사용해야 한다.
- 모듈 18 과제(a): 내담자에게 자기 비판적인 생각에 도전하는 세 가지 대안적 생각을 선택하게 한다. 다음 주에 이러한 생각의 근거를 수집하라(내담자 스스로의 행동일 수도 있고, 누군가가 그들에게 말한 어떤 것 등이 될 수 있다). 위의 Jessica의 예시를 보아라.
- 모듈 18 과제(b): 활동지 14에 기록된 한두 가지의 강점에 집중하고 그 강점을 뒷받침할 근거가 될 수 있는 어떤 상황이라도 적어보게 해라. 예를 들어, 친구가 내담자보고 남의 말을 잘 들어준다고 하면 그 주 동안 본인이 다른 이들의 말을 잘 들어준 것을 기록하게 하라. 이것이 이전에 이미 했던 활동일지라도, 이것을 반복하는 것 또한 유익할 것이다.
- 피드백

참고 문헌

1. McKay, M., Wood, J.C. and Brantley, J. (2007) *The Dialectical Behavior Therapy Skills Workbook: Practical DBT Exercises for Learning Mindfulness, Interpersonal Effectiveness, Emotion Regulation, and Distress Tolerance*. Oakland, CA: New Harbinger Publications.

청소년 내담자를 위한 유인물: 10회기(a)

'자기 주장 말하기'란 무엇인가?

이것은 당신의 필요, 소망, 바람 또는 감정을 효과적으로 주장하는 능력이다. 이것은 당신이 타인의 감정이나 바람을 존중하는 동시에 차분하게 당신의 주장을 표현하는 것이다. 이러한 방식은 보통 효과적이지만, 많은 청소년 내담자(그리고 많은 성인도)가 이것을 어려워한다.

자기 주장 말하기는 건강한 관계를 위해 필수적인 기술이다. 사람들 사이에서 논쟁 거리가 생기거나, 어떤 사람이 타인에 대해 수동적이거나 공격적일 때 문제가 발생한다. 자기 주장을 내세우는 행동을 하기 위한 능력은 한 사람을 원치 않는 것을 하게 하여 후회의 감정을 느끼게 하고 자기 혐오를 하고 결국 자해를 하게 만드는 억눌린 좌절감을 느끼는 것을 피할 수 있게 도와준다.

자기 주장 말하기에서 가장 중요한 능력은 당신이 진짜로 느끼는 감정이 무엇인지 말하고, 당신이 진짜로 원하는 것을 위해 협상하는 것이다.

- 당신은 때때로 당신이 정말로 하고 싶지 않은 것을 하게 되어, 이후에 화가 나거나 사람들에게 화가 났던 적이 있나요?
- 사람들이 당신에게 어떤 것을 하도록 요구하거나 당신에게 압박을 줄 때, 당신은 극도로 화가 나거나 공격적인 태도를 보인 적이 있나요?

누군가에게, 특히 친구에게 '아니오'라고 말하는 것은 항상 쉬운 일이 아니다. 당신이 다른 사람들과 잘 어울리고 싶거나, 다른 사람들과 다르게 보이고 싶지 않을 때 더욱 그럴 것이다. 당신은 당신이 실제로 느끼는 것에 대해 말하면 사람들이 당신을 싫어하게 되는 것을 걱정할 것이다. 미움받는다는 생각은 꽤 끔찍한 것이기 때문에, 당신은 당신이 정말로 원하지 않는 것을 해야 한다는 압박을 느낄 것이다. 이런 것들에는 당신의 사적인 정보에 대해 말해 주거나, 마약을 하고, 학교에 빠지거나 클럽에 가는 것들이 있다.

생각해 보면, 항상 다른 사람을 따라하거나 그들을 기쁘게 하려고 노력하는 것들은 결국 당신의 기분을 더 안 좋게 만들고 다른 사람들이 당신을 존중하지 않게 만든다. 당신의 권리를 주장하거나 다른 의견을 가지는 것은 때때로 당신이 '아니오'라고 말해야만 한다는 것을 의미한다.

주장 하기의 단계

1단계: 준비
- 하고 싶은 말: 타인이나 그들의 행동에 집중하지 말고 당신에게 중요한 상황이나 문제에 집중하여 설명해 보아라. 최대한 구체적으로 말해라. 예를 들어, "내가 보기에 너희들은 다른 파티에 가고 싶은 것처럼 보여."라고 말해라.
- 나의 감정: 그 상황이나 문제에 대한 당신의 생각을 말해라. 예를 들어, "그 파티에 함께 가지 못해 미안해."라고 말해라.

- 나의 소망: 상황을 바꾸기 위해 당신이 하고 싶은 말을 해라. 예를 들어, "나는 집에 가서 자고 싶어."라고 말해라.
- 결과: 확신을 가지고 말하고 특정한 방식으로 행동을 하는 것은 상황을 호전시키고 당신과 상대 모두를 위한 것이다. 예를 들어, "너희들은 파티에 가고 나는 집으로 가는 게 우리 모두를 위해 좋을 것 같아."라고 말해라.

2단계: 전략
- BEST
- 고장 난 CD: 자기 주장을 굽히지 않기 위해서는 자기 자신이 고장 난 CD와 같다고 상상해 보아라. 고장 난 CD가 같은 구간을 계속 반복하듯이 당신은 계속 "싫다"고 말하거나 자기 주장을 반복해서 말하는 것이다. 상대방이 무슨 말이나 행동을 하든 당신은 계속해서 같은 주장을 펼치면 된다.
- 글로 쓰기: 하고 싶은 말을 사전에 생각하고 연습하는 것이다.
- 무시하기: 당신이 어떤 식으로든 압박받는 것처럼 느껴진다면 그것을 무시하라. 이것은 실행에 옮기기 어렵지만 상대방에게 강력한 메시지를 전달한다.
- 상황을 반전시키기: 문제를 상대방에게 넘겨라. 상대방에게 당신이 함께 할 수 있는 어떤 것이 있는지 생각해 보게 해라. 하지만 하기 싫은 것에 동의하지 말고 상대방에게 "너는 내가 동의해 주길 바라지만 나는 '응'이라는 대답은 못 하겠어. 우리는 어떻게 해야 할까?"와 같은 역질문을 하라.
- 쿨한 척: 자신감이 없더라도 자신 있게 행동하는 것에 집중해라. 동경하는 친구나 지인이 그 상황이었더라면 어떻게 행동했을지 상상하고 실행에 옮겨라.
- 받기 위해 주기: 가끔은 주고 받아야 할 때가 있다. 자기 자신이 하고 싶은 것을 포기하지는 않는 선에서 상대에게 맞춰주려고 노력하라. 당신의 거절을 유지하면서도 제시할 수 있는 대안이 있는지 살펴보아라. 아마 당신이 만족할 수 있는 결과를 위해 당신의 요구를 줄이는 것이 될 수도 있다.

3단계: 연습하고, 연습하고, 연습하라!

청소년 내담자를 위한 유인물: 10회기(b)

분노 조절

당신의 분노 때문에 문제가 생기거나 당신으로 인해 상황을 망친 적이 있는가?

분노 자체가 잘못된 것은 아니다(감정은 우리의 친구이다). 분노가 당신의 대인 관계에 부정적인 영향을 끼치거나 당신의 일상 기능에 어떤 식으로든 방해가 된다면 문제가 발생하는 것이다.

분노 척도의 각 단계에서 당신이 느끼는 신체적 반응을 파악하라. 또한 모든 생각이나 행동 그리고 예상되는 행동에 대해 생각해 보아라. 이것은 분노가 극에 달하기 전에 멈추는 것을 도와준다.

이번 회기의 목표는 구체적인 불안, 특히 회피에 대해 다루는 것이다.

> **11회기: 상담자를 위한 참고 자료**
>
> • 불안과 회피 다루기
> • 위계와 노출 개발하기

━━━ 모듈 19: 상황 직면하기

목표

이 회기는 불안감 노출과 둔감화를 통해 불안을 다루는 것에 초점을 맞춘다. 이 회기의 목표는 청소년 내담자의 행동력을 끌어올림으로써 회피하고 있다는 것을 직면하고 활동성을 증가시키는 것이다.

의제

- 지난 회기와 연결
- 과제 검토(지난 회기의 4가지 가능한 과제를 복습하고, 주제를 다루고, 시험적으로 사용한 전략 중 성공한 시도를 강화하기)
- 청소년 내담자가 가져오는 사안(이에 관한 이전 기록을 참조하라)
- 회기의 핵심 주제
- 과제 계획
- 피드백

회기의 핵심 주제

불안과 회피는 자해를 하는 청소년 내담자 안의 고통에 있어 핵심적인 역할을 할 수 있다. 불안은 사회적 영역, 분리 혹은 변화 안의 구체적인 상황과 관련이 있을 수 있다. CBT에서 불안은 세 부분으로 나뉜다. 사람이 두려운 상황을 회피하지 않도록 돕는 생각, 신체 감각, 행동이다. 일반적인 불안 치료는 구체적인 유지 요인에 초점을 맞추고 불안에 대한 심리 교육, 두려움을 유발하는 자극 노출, 안정화 기술, 인지적 재구조화, 보상 체계 그리고 역할극을 포함한다.

만약 청소년 내담자가 특정 활동을 하지 않아 왔고, 매우 우울하거나 불안해 하고, 상황을 회피한다면, 이번 회기에서 그들이 두려운 상황을 직면할 수 있는 전략을 개발할 수 있도록 도와야 한다.

만약 청소년 내담자가 계속 우울한 상태라면, 당신은 새로운 활동을 소개하면서 조금 더 활동적인 계획을 계속해서 만들어 나갈 수 있다.

활동: 나의 두려움 사다리를 마주하기

'활동지 42: 나의 두려움 사다리 마주하기'를 나눠 주어라. 만약 청소년 내담자가 불안해 하고 그래서 상황을 회피한다면, 활동지 42에 사다리를 만들기 시작하라. 불안을 극복하기 위해서 사람들은 불안이 가라앉을 때까지 그들 스스로를 두려운 상황에 노출시켜야 한다고 설명하라. 이 과정을 시작하는 유용한 방법은 그 위협적인 자극이 1부터 10까지 위협적인 자극이 증가하는 서열(사다리의 단계)의 어디에 위치하는지 확인해 보는 것이다. 예를 들어, 만약 청소년 내담자가 사회적인 불안이 있고 파티에 가는 것이 그들을 극도로 불안하게 만든다면(예를 들어, 사다리의 열 번째 단계), 이것은 사다리 맨 꼭대기에 놓아야 한다. 사다리의 낮은 단계는 좋은 친구와 커피를 마시는 것(예를 들어, 사다리의 세 번째 단계)과 같은 불안이 더 적은 상황이 해당할 것이다.

Katy의 두려움 사다리

Katy는 그녀의 친한 친구와의 부끄러운 일 때문에 학교로 돌아가는 것을 두려워했다. 그녀의 목표는 '학교로 돌아가는 것'이었다. Katy의 상담사는 Katy에게 두려움 사다리를 만들 것을 제안하였다. 첫 번째, 그녀는 그녀가 두려워하는 상황, 장소 그리고 대상을 목록화하였다. 그리고 가장 적은 두려움부터 가장 많은 두려움 순으로 그것들을 순위 매겼다.

- 아침에 학교로 걸어가기
- 다른 반 친구들을 만나기
- 교실로 가기
- 학교 매점에서 점심 먹기
- Lennie를 만나기
- Lennie의 여자 친구와 마주치기

Katy의 예에 대한 논의에 따라, '활동지 9: 감정 척도'를 사용해서, 청소년 내담자에게 지금이 그들의 세부적인 불안 촉발 상황의 위계를 밝혀낼 기회라고 이야기하라. 이것은 청소년 내담자가 이

연습에서 제거하고 싶은 것이 무엇인지를 물어보는 데 유용하다(주목적은 삶의 질을 향상시키는 것이고, 좋지 않은 것을 하도록 강요하지 말아야 한다).

다른 단계에 대한 가능성을 제안하더라도, 사다리가 청소년 내담자 자신에게만 적용된다는 것을 확인하라. 이것은 각 단계에 두 가지 예시를 포함하는 데 유용하다. 예를 들어, 좋은 친구와 커피를 마시러 가는 것과 블록을 돌아서 버스를 타는 것은 둘 다 10 중 3에 위치될 수 있다. 같은 단계에 다른 예시가 있다는 것은 만약 노출 실험을 설정하기 어렵다면 당신이 선택권을 가지고 있다는 것을 의미한다. 또한 청소년 내담자는 한 주 동안 몇 가지 노출 시도를 해 나갈 수 있을 것이고, 이것은 불안에 대한 그들의 습관화를 촉진할 것이다. 각 상황은 몇 번 실행되어야 한다.

청소년 내담자가 위계의 각 단계의 통제 안에 있다는 것을 알려 주어라. 그들은 다루고 있는 불안 단계가 2 또는 그 이하로 내려갈 때까지 다음 상황으로 넘어가선 안 된다(이 기준을 미리 합의하라).

어떤 환경에서는 회기 동안 상담자와 상황을 연습할 수 있다. 상황에 들어가는 것과 관련된 인지들과 도전받을 수 있는 부정적 예측을 밝히도록 하라. 그 당시와 그 후의 기간 동안 청소년 내담자가 상황에 들어갈 때 불안 정도를 평가하라. 불안이 가라앉을 때까지 상황을 벗어나지 마라.

11회기 종결

- 과제: 청소년 내담자는 불안을 감소시키는 상황을 반복적으로 연습해야 한다.
- 피드백

청소년 내담자를 위한 유인물: 11회기

불안과 회피

불안과 회피는 자해를 하는 청소년이 고통을 느끼는 데 핵심적인 역할을 할 수 있다. 불안은 사회적 영역, 즉 분리, 변화와 같은 구체적인 상황에 존재할 수 있다. CBT는 불안을 세 부분으로 나누고 있다. 사람이 두려운 상황을 회피하게 만드는 생각, 신체 감각, 행동이다. 일반적으로 불안 치료는 문제를 유지시키는 구체적인 요인에 초점을 맞춘다. 그리고 불안, 두려움에 직면하는 것, 진정하는 방법, 도움이 되지 않는 생각을 관리하는 것, 과정과 역할극을 촉진하는 보상 전략, 또는 까다로운 시나리오를 연습하는 것에 대한 교육도 한다.

만약 당신이 불안하기 때문에 상황을 회피하고 있다면, 당신과 당신의 상담자는 어려운 상황에 대한 사다리를 만들 것이다. 당신은 불안을 극복하기 위해서 당신의 두려움을 마주보려 사다리를 올라갈 것이다(당신의 상담자의 도움을 받으며 불안 관리 기술을 사용하고, 당신이 다음 단계로 갈 때 당신은 항상 통제 가능하다는 것을 기억하면서). 이러한 활동을 하면서 당신의 삶의 질은 나아질 것이며, 이는 당신에게 내키지 않는 일에 대해 저항할 수 있는 힘을 줄 것이다. 각각의 단계를 반복적으로 연습하는 것, 각 상황의 처음, 중간, 끝에서 불안 단계의 순위를 매기는 것 그리고 당신의 불안이 유의하게 줄어들 때까지 그 단계에 머무르는 것을 기억하라.

이번 회기는 '모듈 20: 파도 타기', '모듈 21: 마음 챙김' 그리고 '모듈 22: 자기 진정', 세 가지 모듈로 구성되어 있다. 이 세 가지 단원 모두 주요 대처 기법이라 할 수 있는 수용 전략에 기반을 두고 있다. 지금까지 우리는 청소년 내담자가 자신의 감정을 관리하는 방법을 알고 자신의 사고, 행동, 감정에 변화를 줄 수 있도록 하기 위해 CBT 변화 전략에 집중했다. 그러나 변화에 영향을 주기에 더욱 어려운 순간들이 있기 때문에 항상 그것들과 싸우기 보다는 청소년 내담자가 자신의 고통을 인내하는 방법을 배우고 자신의 감정을 더 알아차리도록 할 필요가 있다. 게다가 우리는 자기 위로로 이어지는 자기 수용 기법을 가르친다. 여기에서의 목표는 자존감과 자기 가치감을 증가시키는 것이다.

> **12회기: 상담자를 위한 참고 자료**

- 수용 전략 – 감정 인내하기
- 마음 챙김 소개하기
- 모든 감각을 사용해 자기 진정하기

▬ 모듈 20: 파도 타기

목표

이 단원의 전체적인 목표는 청소년 내담자가 그들의 감정에 통제당하기 보다는, 어떻게 그들의 감정을 통제 안에 있게 하고, 효과적으로 감정을 인내할 수 있을지를 가르치는 것이다.

의제

- 지난 회기와 연결
- 과제 검토
- 청소년 내담자가 가져오는 사안(이에 관한 이전 기록을 참조하라)
- 회기의 핵심 주제

- 과제 계획
- 피드백

회기의 핵심 주제

청소년 내담자가 그들의 감정을 통제할 수 있도록 하기 위해서 우리는 "파도 타기"라고 불리는 전략을 설명하면서 시작한다. 청소년 내담자에게 지난 회기 동안 당신과 함께 봐왔던 그들의 다양한 감정에 대한 경험을 상기시켜라. 비록 그들이 어떤 감정에 대해서는 느끼지 말았어야 했다고 생각할 수도 있지만, 현실에서 감정은 종종 도움이 된다. '감정은 우리의 친구'라는 활동을 돌이켜 보아라. 마음 챙김은 사고와 감정을 그만두려 하기 보다는 그것을 알아차리고 받아들이는 것을 의미할 수 있다.

활동: 파도 타기

'활동지 43: 파도 타기'를 청소년 내담자에게 나눠 주고 그들이 지금 감정으로부터 뒤로 물러서서 그것을 관찰하려고 한다고 말하라. 이는 내담자가 감정의 존재를 단순하게 주목할 뿐이며, 여기에 관여하거나 혹은 통제당하는 것은 아님을 의미한다. 목표는 감정을 마치 오고 가는 파도처럼 경험하는 것임을 설명하라. 내담자에게 감정과 함께 머무르도록 조언하라. 그리고 내담자에게 상기시켜라. '당신은 그 감정에 지배당하는 것이 아니다. 당신은 필수적으로 행동을 취할 필요가 없다. 당신이 다르게 느꼈을 때를 기억하라. 감정은 영원히 이 강도로 남아있지 않음을 기억하라. 이것은 지나간다. 당신은 잘 넘기기만 하면 된다.'

다음의 조언은 청소년 내담자가 '파도 타기'하는 방법을 잘 배울 수 있도록 도울 것이다.

- 감정을 막으려고 노력하지 말라.
- 감정을 짓누르려 하지 말고, 묻으려고 하지 말라.
- 감정을 없애려고 하지 말라.
- 감정을 밀어내려고 하지 말라.
- 감정을 가지고 있으려고 하지 말라.
- 감정을 붙잡고 있으려고 하지 말라.
- 감정을 더 크게 만들지 말라.
- 감정이 그냥 왔다 가도록 두어라.

━━ 모듈 21: 마음 챙김

목표

이 모듈의 목표는 청소년 내담자에게 마음 챙김과 마음의 세 가지 다른 상태에 대해 소개해 주는 것이다. 이것은 많은 연습이 요구되는 기술에 대한 훈련을 제공하는 것이 아니라고 알려 주어라. 그것 보다는 개념을 소개하고 Linehan의 DBT 모델에서 몇 가지 기본적인 마음 챙김에 대해 가르치는 것이 목표이다.

회기의 핵심 주제

청소년 내담자에게 마음 챙김에 대해 들어본 적이 있는지 물으면서 시작하고 관련 경험에 대해 탐색하라. 마음 챙김이 굉장히 유용한 삶의 기술임을 설명하고, 첫 번째로는 그것의 유래와 그것이 무엇인지에 대해 논할 것이다.

마음 챙김은 고대 동양의 기법에서 유래하였지만, 가장 핵심 개념은 오늘날 우리 삶과 굉장히 관련이 높다. 바로 목적성을 가지고 비판단적으로 현재의 순간에 충분히 주의를 기울이는 것이다. 바쁜 삶 속에서 우리의 마음은 항상 방황하고, 다중으로 일을 처리하고, 혹은 우리 자신을 과거 속에 살게 하거나 미래를 걱정하도록 한다. 반대로 우리가 마음 챙김을 할 때는 마음이 방황하기 시작한 때를 알게 되고, 그것을 현재의 순간으로 돌려놓을 수 있는 능력이 있음을 알게 된다. 마음 챙김은 당신의 내적 환경에 대해 반응하지 않고 관찰하는 것을 포함한다. 우리는 모두 우리의 생각과 특히 충동에 따라 행동을 하는 경향이 있다. 마음 챙김은 우리가 마음의 빛을 정말 비추기 원하는 곳을 비출 수 있도록 돕는다. 청소년 내담자에게 이것이 그들을 도울 수 있는 방법임을 설명하라. 그 이유는 만일 그들이 자신의 마음이 모든 곳을 돌아다닌다고 느낀다면, 우리는 그것을 지금 그리고 여기에 돌려놓을 수 있도록 연습할 수 있다(모듈 21의 마지막 부분에 있는 활동을 참고하라).

마음 챙김의 목표는 우리의 자기-알아차림, 우리의 사고와 감정의 알아차림을 늘리는 것이다. 만약 청소년 내담자가 규칙적으로 연습할 수 있다면, 그들은 자동적 반응으로서 '기본값'으로 항상 돌아가기 보다는, 특정 상황에 반응하는 방법에 대한 더 많은 선택지를 가지는 목표를 성취할 수 있다. 그리고 이것은 강한 감정의 힘을 받을 수 있다.

우리가 이 책을 통해 논의해 온 것과 같이, 우리의 마음 상태에 따라 같은 것을 많은 다양한 방식으로 볼 수 있다. 이 상태는 크게 세 가지로 나눠볼 수 있다. '합리적인 마음', '감정적인 마음' 그리고 '현명한 마음'이다('활동지 44: 마음 챙김'을 참고하라). 사람은 그들이 지적인 접근을 적용할 수 있을 때 '합리적인 마음'의 상태에 있다. 그들은 그들의 생각에 있어 논리적이고, 사실에 초점을 맞추어 이성적으로 사고하는 경향이 있다. 이 상태는 그들이 감정적인 경험은 거의 포함하지 않고 문제 해결 중심적으로 나아가도록 한다. 반대로 사람이 '감정적인 마음' 상태에 있을 때 그들의 생각과 행동은 그들이 현재 경험하는 감정이 무엇이냐에 따라 이끌린다. 그들의 인지는 '뜨겁다'. 이것은 그들이 논리적으로 사고하는 것을 어렵게 만든다. 그리고 사실은 감정적인 상태에 따라 왜곡되는 경향이 있다. '현명한 마음'은 '감정적인 마음'과 '합리적인 마음'의 가장 적절한 부분을 가지고, 거기에 '직관력'을 포함한다.

여기에서 당신은 청소년 내담자에게 그들은 '합리적인 마음'으로 '감정적인 마음'을 극복할 수 없다는 것을 설명해야 한다. 마찬가지로 그들은 '합리적인 마음'을 가진 감정을 만들어 내지 못할 것이다. 대신에 '현명한 마음'으로 가기 위해 그들은 두 마음을 통합하여야 한다. 이것은 말 그대로 취하지 않는다는 것을 의미할 지도 모른다. 예를 들어, 당신이 두려움을 느낄 수 있지만 그 상황이 삶을 위협하는 것이라고 말하지는 않는다. 또 다른 예시는 힘든 하루의 끝에 쇼핑을 하는 상황에서 만날 수 있다. 만약에 당신이 마음의 감정적인 상태에 놓여 있다면 당신은 슈퍼마켓에 들어가서 판매하는 모든 것을 보고, 결국 당신이 쓰려던 것보다 더 많은 돈을 쓰게 될 지도 모른다. 그리고 당신이 심지어 화가 나고 배고프다면 더 많이 쓰게 될 수도 있다. 대안으로 당신이 합리적인 마음 상태에 있다면 당신은 당신이 필요한 음식만 쓰여 있는 목록을 가지고 슈퍼마켓에 들어간 다음, 엄격하게 그 목록만을 고수할 수 있을 것이다. 당신이 정말로 원하는 다른 상품을 보거나 당신이 미리 알지 못했던 아주 괜찮은 것이라 할지라도 말이다. 반대로 만약 당신이 현명한 마음 상태라면, 당신은 아마도 필요한 물품의 짧은 목록을 가지고 있으면서 그 안에서 조금 유연하게 구매할 것이며 당신의 눈을 사로잡거나 좋은 가격에 제공되는 물건을 살 것이다.

마음 챙김은 우리가 감정적인 마음이거나 합리적인 마음 상태라는 것을 인지하고 그 이후에 직관으로 그것의 균형을 이루어 현명한 마음 상태를 얻는 모든 것이다. 특정 상황과 이슈에 대해 몇 가지 감정이나 강한 감정을 갖는 것은 좋지만 이것이 우리의 행동을 완전히 지배하는 것은 좋지 않다.

> **마음 챙김: Mark**
>
> Mark는 침실에서 혼자 있다. 정말 좋지 않은 날이고 아빠와 말다툼을 했다. 그는 화가 나고 우울하다. 그는 우울하게 만드는 락 음악을 듣고 있고, 그의 팔을 긋기 위해 면도칼을 가지고 있다.

활동: Mark의 마음 상태 평가하기

청소년 내담자가 Mark의 상황을 보도록 해라. 그리고 그들에게 다음의 세 가지 질문을 물어 보아라.

• Mark는 어떤 마음 상태에 있나요?

Mark는 아빠와의 말다툼을 생각하기 시작한다. 그것의 조각을 맞추어 본다. 그리고 아무 근거 없이 그것을 발전시키며 이해하기 시작한다.

- Mark가 현재 어떤 마음 상태에 있나요?
- Mark가 현명한 마음 상태로 갈 수 있다고 상상해 보세요. 어떤 일이 일어날 수 있을까요?

Mark는 자신이 화가 나 있고 우울하다는 것을 알고 있다. 그리고 그는 말다툼과 학교에서의 기분 좋지 않은 하루가 그를 이런 방식으로 느끼도록 이끌어 왔다는 것을 이해할 수 있다. 그는 지금 다음에 무엇을 할지를 결정해야 할 때이다.

활동하기: 세 가지 마음 상태를 탐색하기

현명한 마음이 다음과 같이 보일 수 있다는 것을 청소년 내담자에게 설명하라.

- 갑자기 문제의 의미나 가장 곤란한 부분에 대해 이해하는 것
- 생각에 대한 명료함을 가지는 것 혹은 분명하게 보는 것
- 부분적인 것보다 전체적인 그림을 볼 수 있는 것
- 당신이 옳게 결정해 온 감각이나 '느낌'을 가지는 것, 이 감각은 현재의 감정 상태가 아닌 내면에서 온 것처럼 보인다.

Jessica의 세 가지 예시를 가지고 설명한 후에, 청소년 내담자가 세 가지 마음 상태 중에서 어떤 행동을 취해 왔는지 예들을 이끌어 내라.

Jessica의 감정적인 마음
Jessica는 평일 밤에 나가는 것이 허락되지 않는 것에 대해 짜증이 났다. 하루는 엄마와 말다툼을 하였고 발끈하여 다음날 중요한 시험이 있었음에도 브링턴으로 향했다.

Jessica의 합리적인 마음
Jessica는 집에 있으면서 곧 있을 시험 공부를 했다.

Jessica의 현명한 마음
Jessica는 엄마와 함께 앉아서 계획을 만들었다. 그녀는 몇 시간 동안 공부하고 그 후에 친구랑 놀다가 늦지 않게 집에 돌아올 것이다.

현명한 마음으로 가기

'활동지 45: 현명한 마음이 되는 방법'을 활용하여 자신이 현명한 마음일 때 무엇이 일어나고 있는지, 어떻게 느끼는지 그리고 무엇을 생각하고 경험하는지에 대해 생각해 보도록 한다. 이러한 마

음 상태가 되기 위해서는 (그리고 심지어 울화가 치밀 때조차 당신 스스로 합리적인 결정을 내릴 수 있도록 하기 위해서는), 당신은 이 순간 옳게 가고 있는 것에 대해 감사해야 한다. 당신은 거의 대부분 '멈춤 버튼'을 누르고, 당신이 경험하고 느끼고 생각하고 있는 것에 대해 (세세하게) 알 필요가 있다. 이것은 마치 당신이 자신 안으로 들어가서 일어나고 있지만 그것을 변화시키려 하지 않는 모든 것을 관찰하는 것과 같다. 당신이 좋은 감정을 느낄 때 현명한 마음 상태로 들어가는 것이 더 쉽고, 좋지 않은 감정을 느낄 때는 어렵다.

마음 챙김에 대한 Linehan의 연구에서 가져온 밑의 두 단계를 청소년 내담자와 함께 해 보아라. 더 자세히 마음 챙김을 이해하는 것은 상담자가 청소년 내담자에게 기본적인 개념을 설명할 수 있도록 도울 것이나. 더 많은 정보는 Linehan의 책과 기술 매뉴얼에서 얻을 수 있다(이 회기의 참고 문헌을 살펴보아라).

1단계: 관찰하기

관찰하기는 경험을 기술하거나 명명하지 않고 지각하거나 경험하는 것을 포함한다. 관찰하기는 단순하게 어떤 것에 주의를 돌리고 단지 인지하는 것이다. 청소년 내담자에게 그들의 머릿속에 있는 것과 지금 경험하고 있는 것에 주의를 돌리라고 요청하라. 그리고 그 순간을 '정지 화면'이라고 상상하라고 하라. 인간이라면 고통스런 감정은 멈추려 하고 즐거운 감정을 계속 가지고 있으려 하는 것은 자연스럽고 이해 가능한 것이다. 청소년 내담자에게 변화하려고 하지 말고 알아차린 상태와 현명한 마음 상태로 있으라고 요청하라. 이것의 핵심은 우리가 우리의 생각, 감정 혹은 감각을 '좋음' 또는 '나쁨'으로 판단할 때를 인지하는 것이다. 판단을 알고 (그렇지만 그 안으로 들어가지는 말라.) 그들이 그대로 지나가도록 하라. 청소년 내담자가 무엇이 일어나는지를 단순하게 관찰하도록 격려하라. 그들은 그들의 주의를 그 순간에 있는 어떤 것에 기울여야 하고 머릿속에 떠오르는 어떤 걱정, 생각, 정신을 산만하게 만드는 것을 '떠나보내'도록 노력하라. 이것은 그들의 초점이 현재의 순간으로 돌아오도록 할 것이다. 만약 이것을 하는 게 어렵다면, 그들이 들을 수 있는 소리에 몇 분간 집중하도록 권하라. 침묵 속에서 그들과 함께 이것을 하라. 그리고 끝날 때 마음 챙김 과제에 대한 당신의 경험을 말해주면서 서로 피드백하라.

2단계: 기술하기

이것은 관찰한 것을 표현하는 데 있어 단어를 사용하는 기법을 활용한다. 판단은 없다. 단지 '무엇'에 대한 기술이다. 청소년 내담자에게 이것을 설명하고 그들에게 지금 일어나고 있는 것을 반영하라고 요구하라. 그리고 일어나고 있는 것에 대해 최대한 자세하게 기술하라고 하라. 다시 당신은 당신만의 예시로 그들에게 모델을 제시해 줄 수 있다.

Mark의 기술 연습

Mark는 지난 밤 아빠와 말다툼한 것에 대해 상담자와 이야기를 한 후에 화가 나 있었다. 그녀는 그에게 이 회기에서 어떤 방식으로든 해석하거나 판단하지 않고 지금 일어나고 있는 것에 대해 기술하라고 요청하였다. 그는 처음에 갈등했지만, 상담자의 도움을 받으며 해냈다. 나의 심장은 빨리 뛰고 있다. 나는 소리치거나 여기서 나가고 싶은 분노를 느끼고 있다. 나는 내 볼에 팽팽한 감각이 느껴질 정도로 뒤쪽 이를 꽉 다물고 있다. 나는 내 머릿속에 '나는 아빠가 싫다'는 생각을 가지고 있고 이것을 '생각으로 가는 것' 없이 나는 단지 알고 싶다. 나는 생각으로 '들어가려'는 충동을 알고 있고, 지금은 다른 생각이 아빠에 대한 내 머릿속에서 떠오르고 있다.

관찰하기와 기술하기의 차이를 논하라. 관찰하기는 단어 없이 지각하는 것이다. 생각을 기술하는 것은 당신에게 이것이 생각이고 사실이 아님을 아는 것이 요구된다. '나는 실패자다'라고 생각하는 것과 실패하는 것은 굉장한 차이가 있다. 외계인 비유를 드는 것이 유용할지 모르겠다. 외계인이 외계 행성에서 왔고 인간의 생각이나 감정에 대한 경험이 없다고 상상해 보아라. 당신의 직업은 당신의 마음과 몸에서 무엇이 일어나고 있는지를 설명하는 것이다.

현재와 미래 회기 동안 마음 챙김 연습하기

마음 챙김은 이해하기에 까다로운 개념일 수 있다. 그래서 종종 함께 연습해 보는 것이 도움이 될 것이다. 이것은 청소년 내담자가 개념이 무엇인지에 대해 경험적으로 짐작할 수 있도록 해야 한다. 두 가지 활동이 밑에 있고 활동지 45에 더 많은 것이 있다. 각 활동을 청소년 내담자와 해 보고 그 다음에 이것에 대한 당신과 그들의 경험을 나누는 것이 좋다. 만약 당신이 개념으로서의 마음 챙김이 익숙하지 않다면 그 주제에 대한 강의에 참여하거나 혼자 연습해볼 것을 조언한다. 지금부터 매 회기를 마음 챙김 활동에 맞추어 보고 청소년 내담자가 회기들 사이에서 연습해 볼 수 있도록 격려도 해 주어라.

마음 챙김을 설명하는 또 다른 좋은 방법은 예시들과 설명이 있는 동영상을 보는 것이다. 예를 들어, 쿵푸팬더에 이와 연관이 있는 '천국의 지혜가 있는 복숭아 나무' 장면이 나온다.

연습 1

상담자와 청소년 내담자는 머릿속으로 천천히 10까지 센다. 만약 청소년 내담자가 수를 세는 것으로부터 멀어져서 방황한다면, 천천히 다시 돌아와 처음부터 다시 시작해야 한다고 말하라. 2분 정도까지 이것을 하고, 피드백을 하고 그런 다음 활동에서의 당신의 경험을 말해 주어라.

연습 2

자극을 소개하라(예를 들어, 펜과 같은). '펜의 촉감 · 느낌 · 모습 · 냄새에 주의를 기울이세요'와 같은 언어적 도움이나 당신이 대상을 표현하는 언어적 지시 사항을 주어라. 모든 감각을 포함하라. 그러나 처음에는 활동을 짧게 유지하라. 마음의 움직임을 정상화하라. '당신의 마음이 배회한 곳은 어디였습니까? 이 과정을 어떻게 찾았습니까? 당신의 마음을 다시 가져오기 위해 무엇을 했습니까?' 무엇이 일어났는지를 물어보고 기술로서의 마음 챙김을 형성하기 위해 피드백을 사용하라.

피드백을 일으키는 방법

청소년 내담자에게 충동, 판단, 가정, 비교, 애착, 기억, 해석, 연관성, 생각, 표상, 감각, 예측 등에 대해 상기시켜라.

그것을 메타 인지의 부분으로 가져와라.

- 어떻게 그 과정을 발견했습니까?
- 당신의 마음이 어디로 배회하였습니까?
- 이것을 다시 가져오기 위해 무엇을 하였습니까?
- 비록 당신이 할 수 있다고 생각하지 않더라도, 당신이 선택한 것으로 당신의 마음을 간신히 돌렸다는 것을 알 수 있을 것입니다.
- 해석하는 것을 피하세요. '왜?'라고 묻지 말고 그 대신에 '무엇?'이라는 질문을 사용하세요.
- 충동이 어떻게 됐나요?
- 방 밖에서 일어난 것인가요?(예를 들어, 감정을 밀어냄.)
- 당신은 아마도 다음에는 이것을 단순히 알아차리기만 하고 흘려보낼 수 있을 것입니다.
- 당신에게 효과적인 것이 언제인지 알아보세요.
- 충동–행동 연결성과 감정적 반응에 대해 알고 있으세요. 물어보세요. '화가 어떻게 스스로 드러났나요? 생각, 느낌, 신체적 감각 등. 당신은 무엇을 했나요? 결과는 무엇이었나요?'

생각을 연습하기 위한 활동지 45에 있는 과제를 보아라.

━━ 모듈 22: 자기 진정

목표

이것은 '수용' 전략의 연장선이다. 목표는 청소년 내담자가 감정이 고조될 때 스스로를 진정하는 방법을 찾을 수 있도록 하는 것이다.

활동: 자기 진정

'활동지 46: 자기 진정'을 활용하여 청소년 내담자가 감정이 고조될 때 진정하기 위해서 이용할 수 있는 전략에 무엇이 있는지 확인해 본다. 이것은 청소년 내담자가 상자에 그들의 자기 위로 방법을 넣는 데 유용할 수 있다. 그들이 모든 감각을 사용할 수 있도록 격려하라. 예를 들면, 실크 리본(접촉을 위한), 초콜릿 바(맛을 위한), 좋아하는 향수(냄새를 위한) 등이 있다.

12회기 종결

- 모듈 20의 과제: 청소년 내담자가 긍정적인 감정과 더 부정적인 감정을 경험할 때 '감정 파도 타기'를 시도해 볼 수 있도록 하라. 그들은 다음 회기에서 논의하기 위해 어떻게 했는지를 적어야 한다.
- 모듈 21의 과제: 청소년 내담자가 현명한 마음으로 들어가는 것을 시도해 보도록 요구하라. 그들이 무엇을 하던지 멈추지 않고, 그것을 어떻게 하고 있는지 그리고 무엇을 느끼고 있는지를 알도록 노력해야 한다. 활동지 45에 나와 있는 지침이 유용할 수 있다.
- 모듈 22의 과제: 다음 주 동안 사용할 자기 진정 방식을 알아오도록 요구하라.
- 피드백

참고 문헌

1. Linehan, M. (1993) *Cognitive Behaviour Treatment of Borderline Personality Disorder*. New York: Guilford Press; Linehan, M. (1993) *Skills Training Manual for Treating Borderline Personality Disorder(Diagnosis and Treatment of Mental Disorders)*. New York: Guilford Press.
2. Hofmann, S.G., Sawyer, A.T. and Fang, A. (2010) The empirical status of the 'new wave' of cognitive behavioral therapy. *Psychiatric Clinics of North America* 33(3), 701-710.
3. These three categories and the descriptions of mindfulness and mindfulness techniques that follow are adapted from Linehan's two 1993 books, *op. cit.*

청소년 내담자를 위한 유인물: 12회기

1. 수용 전략은 무엇인가?

지금까지 이 상담 프로그램은 문제적 행동, 생각, 감정을 바꾸는 데 초점을 맞추어 왔다. 이번 회기는 그것을 인내하고 더 알아차리고, 수용하고, 다루기 위해 자신의 감각을 사용함으로써 어려운 감정을 관리하는 것에 대한 것이다.

2. 파도 타기

우리는 감정의 기능에 대해 이야기해 왔다. 비록 사람들은 종종 특정 감정을 느끼지 않아야 한다고 생각하지만 실제로는 감정이 종종 도움이 될 수 있다. 마음 챙김은 당신의 생각과 감정을 멈추려고 하는 것이 아니라 알아채고 수용하는 것을 의미할 수 있다. 당신이 해야 하는 것은 감정에서 뒤로 물러서서 그것을 관찰하는 것이다. 이것은 바쁜 기차역에 있으면서 멈추는 첫 번째 기차에 타고 당신이 모르는 목적지로 가는 것 대신에 승강장에 머무르며 기차(감정)가 오고 가는 것을 보는 것과 같다. 그래서 당신은 단순히 현재의 감정의 존재를 주목 한다. 당신은 감정에 휘말리지 않고 지배당하지 않는다. 그냥 감정과 함께 있으면서 마치 파도를 타는 것처럼 감정을 탄다. 당신은 당신의 감정 자체가 아니며 따라서 행동을 취할 필요가 없다. 당신이 다르게 느끼는 순간을 기억하라. 감정은 이 강도로 영원히 지속되지 않는다는 것을 기억하라. 이것은 지나간다. 당신은 그저 떠나보내면 된다.

다음의 조언은 당신이 파도를 타는 것을 도울 수 있다.

- 감정을 막으려고 노력하지 말라.
- 감정을 짓누르려 하지 말고, 묻으려고 하지 말라.
- 감정을 없애려고 하지 말라.
- 감정을 밀어내려고 하지 말라.
- 감정을 가지고 있으려고 하지 말라.
- 감정을 붙잡고 있으려고 하지 말라.
- 감정을 더 크게 만들지 말라.
- 감정이 그냥 왔다 가도록 두라.

3. 마음 챙김

마음 챙김을 얻는 것은 매우 유용하지만, 이를 얻는 데에는 시간과 노력이 든다.

정의

마음 챙김은 목적성을 가지고 비판단적으로 현재의 순간에 주의를 기울이는 것을 말한다. 바쁜 삶 속에서, 우리의 마음은 계속 방황하고 있고, 우리는 많은 일을 동시에 하며, 우리 마음이 과거에 머무르거나 미래에 대해 걱정하도록 한다. 마음 챙김은 언제 우리의 마음이 방황하는지를 알 수 있고, 부드럽게 현재의 순간으로 돌려놓는 것을 말한다. 내적 상태를 반응하지 않고 관찰할 수 있는 것이다. 우리는 모두 우리의 생각, 특히 충동에 반응하는 경향이 있다. 마음 챙김은 우리의 빛이 우리가 가도록 원하는 곳을 향해 비추도록 돕는다.

우리가 이전에 논의해 온 것과 같이, 자신의 현재 마음 틀에 따라서 같은 것을 바라보는 많은 다양한 방법이 있다. 이러한 다양한 마음의 상태를 보는 하나의 방법은 그것을 세 가지로 나누는 것이다.

- 합리적인 마음 – 그저 사실에 집중함, 감정은 없음.
- 감정적인 마음 – 감정적으로 느끼고 당신이 어떻게 느끼는가를 근간으로 결정하고 행동함.
- 현명한 마음 – 타당한 마음과 감정적인 마음의 좋은 부분에 직관을 더함.

현명한 마음의 상태가 되는 방법

당신이 현명한 마음 상태일 때, 당신은 무엇이 일어나고 있는지, 어떻게 느끼는지 그리고 무엇을 느끼고 경험하는지에 대해 알아차린다. 현명한 마음이 되기 위해서는 (그리고 감정이 몰아칠 때에도 합리적인 결정을 내리는 능력을 갖기 위해서는) 바로 지금 일어나고 있는 것을 알아야 한다. 당신은 대부분 '정지 버튼'을 누르고 당신이 경험하는 것 느끼는 것 그리고 생각하는 것 모두를 자세하게 알 필요가 있다. 이것은 마치 당신이 자신 안으로 들어가서 변화시키려는 노력 없이 일어나고 있는 모든 것을 그냥 관찰하는 것과 같다. 당신이 기분 좋을 때에는 현명한 마음 상태로 가는 것이 쉽지만, 기분이 좋지 않을 때는 더욱 어렵다.

4. 자기 진정

당신이 긴장 상태에 있고 고통을 느낄 때, 자해가 그 감정을 다루는 데, 혹은 경감시키는 데 도움이 될지도 모른다. 당신의 상담자는 자기 진정 상자를 만드는 것에 대해 당신에게 이야기해 왔을 것이다. 이것은 스스로를 상처 입히지 않으면서 자신의 감각의 힘을 사용하여 감정을 가라앉히는 방법이다. 그 상자는 당신이 보고, 냄새 맡고, 맛보고, 만지고, 듣기에 좋은 것이 포함되어야 한다. 예를 들어, 좋아하는 음악 목록, 당신과 당신의 친구가 좋은 시간을 보냈을 때 찍어둔 사진, 가장 좋아하는 향수 등이다.

13회기

이 회기는 하나의 구체적인 모듈과 회기로 구성되어 있다. 1회기 치료가 시작될 때 이 모듈을 시작하는 것에 대한 선택지가 있었음을 기억하라. 만약 이 선택지를 고른다면, 그동안 시도해 왔던 대안과 만들어져 온 과정을 반영할 기회가 될 수 있을 것이다.

자해의 대안점에 초점을 두는 것에 더해서 이전 회기에서 끝나지 않았던 이슈는 해결되어야 하고 또는 청소년 내담자가 사용하고 있는 진행되고 있는 전략은 더욱 탐색되어야 한다.

13회기: 상담자를 위한 참고 자료

- 자해의 대안점
- 압도된 감정을 느끼고 자해를 시도하려할 때 당신은 무엇을 할 수 있습니까?

━━ 모듈 23: 자해의 대안점

목표

이 단원의 목표는 청소년 내담자가 자해의 대안을 생각하도록 하는 것이다. 다른 더 적응적인 대처 전략을 사용한 경험이나 기억이 없기 때문에 종종 그들은 감정적으로 압도당했을 때 자해하는 것이 익숙할 것이다. 몇몇은 그들의 극한 감정 상태를 다루는 기술을 배워 본 적이 전혀 없을 것이다. 다른 사람들은 그것에 대해 잊어왔을 것이다. 이 회기는 이러한 기술을 발견하거나 재발견할 기회이다.

이것은 또한 도전적인 생각하기, 마음 챙김 기법 그리고 두려움 직면하기와 같은 진행되고 있는 숙제를 복습하고, 놓치거나 단축된 회기를 만회하고, 청소년 내담자에게 대처 나무와 어떤 전략이 어떤 상황에 사용될 수 있는지를 상기시키는 데 사용되어야 한다.

의제

- 지난 회기와 연결
- 과제 검토

- 청소년 내담자가 가져오는 사안(이에 관한 이전 기록을 참조하라)
- 회기의 핵심 주제
- 과제 계획
- 피드백

회기의 핵심 주제

Cassie가 발견한 유용한 자해 대안점을 살펴본 후에, '활동지 47: 내가 무엇을 할 수 있을까?'를 채워 보도록 한다. 그리고 이것을 청소년 내담자와 살펴보아라.

Cassie의 자해 대안 방안

'가끔씩 나는 내 책에 내가 어떻게 느끼는지를 그림으로 그린다. 그림은 꽤 소름 돋지만, 나는 누구에게도 보여 주지 않는다. 그것들은 전부 나를 위한 것이다.'

과거에 활동지의 대안점 중 청소년 내담자에게 효과가 있었던 것이 있는지, 혹은 거기에 있는 것 중 그들이 해 보고 싶은 것이 있는지에 대해 탐색하라. 그들이 과거에 찾았던 유용한 것이 있다면 추가하라고 요구하라.

자해에 대한 최근의 예시(혹은 활동지 3에 청소년 내담자가 기술했던 것)를 살펴보는 것이 좋다. 당신은 그들이 어느 시점에 대안점 중 하나를 시도했었는지에 대해 물어볼 수도 있다. 또한 선호하는 자해 방법이 아닐지라도 대안 전략이 청소년 내담자에게 쉽게 이용 가능하다는 것을 확실히 하는 것은 유용하다.

13회기 종결

- 과제: 청소년 내담자에게 자해에 대한 대안을 시도해 보라고 하라. 그리고 어떻게 하는지 관찰하라.
- 피드백

청소년 내담자를 위한 유인물: 13회기

　자해를 멈추는 것은 쉬운 일이 아니다. 특히 만약 대안이 없다면 더욱 그렇다. 이 회기는 자해의 대안을 찾는 것에 관한 것이다.

　당신은 당신이 감정적으로 압도됨을 느낄 때마다 자해에 대해 자동적으로 생각하는 습관이 있다고 느낄지 모른다. 또한 당신은 더 적응적인 대처 전략을 사용하는 것에 대한 경험이 없다고 느낄 수 있다(혹은 당신에게 효과가 있는 것을 발견하지 못했다고 느낄 수 있다). 이것은 당신이 당신의 극한의 감정을 통제하는 방법을 전혀 배운 적이 없어서 그럴 수 있다. 당신이 이러한 방법과 전략을 발견할 기회이다.

　당신의 상담자는 지금까지 찾았던 유용한 것들에 관한 모든 숙제와 전략을 검토할 것이다(예를 들어, 도전적인 사고, 마음 챙김 기법 그리고 두려움 직면하기). 대처 나무에 대해 다시 생각해 보고 당신 스스로 어떤 전략을 특정 상황에서 사용할지를 상기시켜라. 활동지는 다른 청소년들이 발견해 온 자해에 대한 유용한 대안책이 담겨져 있다. 만약 당신이 선택하기 어렵다고 느낀다면, 당신의 체온을 바꿀 활동(찬물 샤워나 아이스버킷과 같은), 격렬한 운동(그 자리에서 달리거나 스타 점프와 같은) 그리고 근육 진정 기술들이 종종 처음으로 시도하기 좋은 것들이 될 수 있다.

제4장

시 작!

이 장의 목표는 당신이 앞의 회기에서 해 왔던 모든 작업을 굳히고, 재발 방지에 집중하고, 다음 단계와 치료에 대해 생각하고, 종결 인증서를 주고, 작별 인사를 하는 것이다.

이 장은 이 책에서 가장 짧다. 여기서 간략히 이야기하자면, 한 회기 내에 4개의 모듈이 제공된다. '모듈 24: 목표 재점검하기', '모듈 25: 계기 파악하기', '모듈 26: 구급상자와 도구함', '모듈 27: 나의 길과 증명서'. 이 4가지 모듈은 두 번 혹은 그 이상의 회기로 제공될 수도 있다. 몇몇의 청소년은 강화하고 마무리하는 작업이 쉽다고 생각한다. 하지만 종결 치료와 재발 방지는 어떤 사람들에게 긴 과정이 될 수도 있다. 당신은 청소년이 스스로 유용하다고 생각하는 전략과 그들의 여정에 대한 이해 그리고 그들의 어려움을 발전시키고 유지하려는 분명한 생각을 가지고 떠난다는 것을 확신해야 한다(공식화). 이것은 당신이 구체적인 전략과 개념으로 돌아가고 그것을 몇 번씩 점검하는 것이 필요하다는 것일 수도 있다. 반복하면, 회기 수는 고정불변한 것은 아니다. 그래서 이 단계가 진행되는 동안 청소년이 얼마나 많이 요구하는지를 판단하기 위해서 그들로부터 받은 피드백과 당신의 임상적 판단을 사용하라. 그들이 프로그램에서 그들이 할 수 있는 모든 것을 얻었다는 것에 당신이 만족하고 나서야 비로소 당신은 그들의 인증서를 출력하고, 작성하여 그들에게 나눠줄 것이다.

이제 마지막 시간을 위해 목표를 다시 살펴보고, 마지막 치료 질문지를 관리하고, 재발을 방지하기 위한, 혹은 잘하고 있는 상태를 유지하기 위한 작업을 시작할 시간이다.

> **14회기: 상담자를 위한 참고 자료**

- 목표를 다시 살펴보기
- 재발 방지 - 나의 문제는 무엇인가?
- 치료 구급상자와 도구함
- 미래

━━ 모듈 24: 목표 재점검하기

목표

이 모듈의 목적은 본래의 문제를 (점수를 가리고) 소리내어 읽고, 청소년 내담자에게 지금은 그것을 1부터 10까지 어떻게 순위 매기고 있는지 물어봄으로써 다시 순위 매기게 하는 것이다.

의제

- 지난 회기와 연결
- 과제 검토
- 청소년 내담자가 가져오는 사안(이에 관한 이전 기록을 참조하라)
- 회기의 핵심 주제
- 과제 계획
- 피드백

회기의 핵심 주제

이제 치료의 마지막에 도달했고 본래의 문제 목록의 순위를 다시 매기고 청소년 내담자가 얼마나 진행되어 왔는지 평가할 기회이다. 이 실습이 끝나기 전까지는 처음 순위를 그들에게 상기시키지 말아라. 당신은 새로운 순위를 원하기 때문이다.

많은 청소년 내담자는 치료를 떠나는 것에 대해 불안감을 느낀다. 그래서 그들이 스스로 나아갈 수 있는 능력이 있다는 것을 믿도록 당신이 힘을 주는 것이 중요하다. 그들이 거의 치료를 완성해 가고 있기 때문에, 다음 단계는 그들이 지난 몇 달 동안 배운 전략을 사용하면서 떠오르는 어떤 문제든 다루는 것을 유지해 나가는 것이다. 그들의 성과를 인정하고 그것을 인증서에 적어라. 이때 이것은 그 양식을 다시 검토하고 보관할 수 있도록 복사해서 그들에게 주는 게 유용하다.

━━ 모듈 25: 계기 파악하기

목표

이 단원의 목표는 자해의 새로운 삽화에 대한 가능한 계기를 탐색하고, 청소년 내담자가 배워 온 새로운 대처 전략을 다시 살펴보고, 만약 요구된다면 그것을 사용하기 위한 마음의 준비와 능력을 평가하고, 미래에 어떤 자해 충동이든 촉발할 만한 잠재적인 계기에 대해 그들이 생각하고 파악할 수 있도록 돕는 것이다.

활동: 안전한 상태에 머무르기

당신이 청소년 내담자에 대해 알고 있는 것을 기반으로 해서 자해에 대한 잠재적 계기와 당신의 협력적인 공식화에 대해 논의하라. 당신이 이러한 것들을 파악하였을 때, '활동지 48: 안전하게 머물기'를 활용하여 자해의 계기에 대해 목록화하도록 한다. 가이드로 Cassie의 예를 사용하라.

> **Cassie가 안전한 상태로 머무르는 계획을 세우는 방법**
>
> Cassie는 미래에 대해 생각해 보고 그녀를 다시 자해하도록 밀어 넣는 가능한 사건 목록과 사람들의 반응, 감정 그리고 생각에 대해 적어 보도록 요구받았다.
>
> • 친구에 대한 문제, 기분이 가라앉거나, 다툼 그리고 버려지는 느낌과 같은 것

- 친구 문제 이후에 내가 혼자가 되는 것 그리고 미치게 만드는 나의 생각(실제 사실보다 더 나쁜 일이라 생각하는 것, 예를 들어 파국화). 내 기저에 깔려 있는 신념이 촉발되고, 나를 특정 방향으로 생각하도록 만들 때 지금 나는 내 생각에 도전할 수 있다는 것을 알고 있다. 예를 들어, '누구도 나를 좋아하지 않는다(나는 사랑스럽지 않다).'
- 아주 강한 감정, 특히 공황과 혼합된 분노를 극도로 느낄 때
- 아빠는 그가 나를 위해 무언가를 할 것이고 나를 어딘가로 데려갈 것이라고 말하지만 그렇게 되지 않는다.

모듈 26: 구급 상자와 도구함

목표

구급 상자와 도구함은 습득한 기술과 재발 방지 그리고 건강한 삶의 강화를 위한 두 가지 연습이다. 구급상자는 마지막 치료 후에 위기 상황에 처하거나 고군분투하고 있을 때, 청소년 내담자가 치료 기간 동안 그들이 연습해 온, 혹은 논의해 온 대처 기술을 다시 살펴보고, 그들이 사용할 수 있는 구체적인 기술이 무엇인지에 대해 생각하도록 돕는다.

여정을 계속하기

청소년 내담자가 그들의 여정을 계속해 나가고 '잘 있기' 위해서는 그들의 삶이 균형이 있어야 한다. 그들은 건강한 관계를 맺고 유지해 나갈 필요가 있을 것이다. 그리고 이것은 자기주장 기술과 분노 관리 기술 그리고 다른 인지 전략을 사용하는 것을 포함할 것이다. 더욱이 그들은 지지망, 신뢰할 만한 친구 그리고 가족이 필요할 것이다(만약 유용하다 생각되는 것 중 그들의 관계에서 했어야 했고, 지금 다시 할 수 있는 것). 이것은 또한 자기 파괴적인 행동 유형을 북돋는 사람들을 파악하는 것이 중요하다.

좋은 상태를 유지하고 나아가는 데 있어 또 다른 중요한 요소는 당신의 삶의 목표를 성취하고 가능한 한 당신의 가치를 지키는 것이다. 이러한 목표와 가치는 공부와 관련이 있거나 취미와 관련이 있을 수 있다. 아니면 청소년 내담자가 삶에 대한 목적의식과 의미를 가지도록 돕는 것을 포함할 수 있다.

종합적으로 자해 경험이 있는 청소년 내담자는 '스스로를 잘 돌보는 것'을 배우는 것이 필요하다. 이것은 성취와 재미의 균형을 유지하는 것, 타인의 지지를 수용하고 그들 자신을 위해 하는 것 그리고 일반적인 건강한 삶의 방식(운동, 좋은 잘 균형 잡힌, 건강한 식이요법, 규칙적인 수면 패턴 등을

통해서)을 따르려고 노력하는 것을 포함한다. 그러나 자해나 다른 역기능적인 행동으로 돌아가도록 하지 않는 한, 이러한 일반적인 규칙에 대한 예외가 수용한지를 인식하는 것은 중요하다.

Lorraine Bell이 고안한 삶 계획하기 연습은 이 점에서 유용하다고 증명할 수 있다.

활동: 나의 삶 계획하기

'활동지 49: 나의 인생 계획'을 활용하여 청소년 내담자가 그들의 다음주, 다음 달 등등의 개인적인 목표를 목록화하도록 하라. 그들은 그들의 삶에 모든 영역에 대해 적어도 한 가지 목표는 찾아야 한다. 그리고 가능한 많은 상자에 이것을 채우도록 하라.

	다이어트	관계/친구	취미	학교/대학/직장	생활 방식	가족
1주일						
1달						
2~6달						
6~12달						
1~2년						

표 6 나의 인생 계획하기

활동: 구급 상자

'활동지 50: 구급 상자와 도구함'을 나눠 주고 이것이 '위기 상황'에서의 구급상자라는 것을 설명하라. 청소년 내담자가 고통 속에 있거나 극심하고 어려운 감정 상태를 경험하고 있을 때 쓰여야 한다. 모듈 25에서 그들이 목록화했던 자해의 계기를 그들에게 상기시켜라. 그리고 Cassie에 대해 논하라.

Cassie의 구급상자

Cassie가 위험에 처했을 때 대처하기 위해 할 행동

- 쉽게 사용할 수 있도록 나의 대처 나무를 가져라. 그리고 내가 감정의 정점에 이르렀을 때 잠깐 멈추고 내 마음이 무엇을 경험하고 있는지, 내가 무엇을 느끼는지를 아는 것을 기억하라. 자기 분석을 하기 위해 나무를 보는 것을 활용하라.
- 내 생각을 인지하고 무엇을 하기 전에 내 감정이 사그라지도록 노력하라. 친구에게 전화를 걸고, '파도를 타고', 나의 신체적 감각을 알고 내가 진정될 때까지 숨을 쉬어라.

- 만일 내가 자해 충동을 강하게 느낀다면, 자해의 장단점이 적힌 내 리스트를 꺼내거나 상처로부터 다시 그것을 생각해 보아라.
- 내 스스로에게 감정이 지나갈 것이고 내가 그것을 다룰 방법이 있다는 것을 상기시키기 위해, 나의 상담 활동지를 읽어라.
- 나의 생각에 도전하기 리스트와 나의 양식을 보아라. 그리고 내 믿음이 작동될 때만 기분이 좋지 않다는 것을 기억하라. 이것은 지나갈 것이다!

이제 청소년 내담자가 지난 몇 주 동안 작업해 왔던 활동지 폴더와 당신의 참조 책을 챙겨라. 그리고 그들이 찾는 어떤 특정 전략이 특정 시간에 가장 유용한지 그리고 위험한 때에 그들이 정상으로 돌아올 필요가 있다는 것을 파악하도록 도와라.
그들이 밝혀진 전략을 시험해 본다고 느끼고, 구급상자 안에 가장 좋은 것을 추가하는 것에 있어 얼마나 준비가 됐는지 혹은 어떻게 할 수 있는지에 대해 논의하라.

활동: 도구함

청소년 내담자가 현재와 미래의 어느 특정 지점 사이에서 문제라고 느낄 수 있는 것에 대한 예를 통해 작업하는 것이 유용할 수 있다. 그리고 그들이 이것을 예방하기 위해서 어떻게 도구함을 사용할 것인지, 혹은 만약 그들이 이것이 어렵다고 느낀다면, 대처하고 정상으로 돌아오기 위한 용도로 구급상자를 어떻게 활용할 것인지에 대해 탐색하라.

Cassie의 도구함

잘 지내기 위해 Cassie가 할 것

- 나에게 즐거움과 성취감을 주는 활동에 대해 반드시 규칙적으로 계획 세우기
- 생각 도전하기 목록을 핸드폰과 벽에 붙여 놓은 포스트에 적어놓기
- 대처 나무 복사본을 내 핸드폰과 내 지갑의 작은 카드에 적어 놓기(그렇게 하면 내가 바로 생각할 수 없을 때 가장 좋은 방법을 쉽게 찾을 수 있다.)
- 내 시간이 균형을 이루어야 한다는 것을 기억하기(그래야 나는 한 친구나 가족에게 너무 오랜 시간을 쏟지 않는다.)
- '내 시간', '나를 돌보는 시간' 일정을 기억하기
- '버럭 화를 내기'보다는 나의 자기 주장 연습을 계속하기(연습할수록, 내 분노를 관리하는 것이 쉬워진다.)

━━ 모듈 27: 나의 길과 인증서

목표

이 모듈의 목표는 미래에 대한 긍정적인 면을 계획하고 프로그램 인증서를 수여하는 것이다. 이 것은 치료의 마지막 부분이다.

활동: 나의 길

'활동지 51: 나의 길'을 활용하여 청소년 내담자가 다음주, 다음달 그리고 내년에 일어날 수 있는 모든 긍정적인 것에 대해 생각해 보도록 한다. 그들은 또한 가까운 미래를 위해 흥분되고 재미있는 일을 정기적으로 계획할 것이다. 그들은 Cassie의 예를 보고 난 후에 12개월 계획표에 이러한 것들 을 적어 놓기 시작해야 한다.

Cassie의 길

Cassie는 고대하고 있다

- 다음주: 엄마는 볼로냐 스파게티를 만든다. Sarah와 시내에서 만난다.
- 다음 달: 시험이 끝난다. 미술실에서 더 많은 시간을 보낸다. Sarah의 생일 파티가 있다.
- 다음 몇 달: 휴일에 Lanzarote에 간다. 내 친구의 어린 아들을 수영장에 데리고 간다. 다음 호러 영화를 보기 위해 영화관에 간다.
- 다음 해: 새해 전날 파티를 연다. 댄스 수업을 다시 시작한다.

청소년 내담자가 그들이 즐거워할 만한 것은 뭐든지 생각해 보도록 격려한다. 이것을 포함할 수 있다. 생일, 공연, 학교가 끝나는 것, 파티에 가는 것, 가장 좋아하는 TV 프로그램을 보는 것 등.

인증서

224쪽 인증서를 청소년 내담자에게 전달하며 프로그램을 마무리하여라. 당신은 주어진 공간 안 에서 청소년 내담자와 보냈던 회기로부터 관찰해 왔던 핵심을 요약해야 한다. 피드백에 대해서 쓸모 가 있는 점 중 청소년 내담자가 가져가기에 개인적이고, 구체적이고, 솔직하고, 유용한 것에 대해 주 의 깊게 생각하라.

Katy의 인증서 속의 핵심

• 가족과의 신뢰 문제와 긴장감이 도는 관계 문제에도 불구하고, 당신은 위험한 줄 알면서도 받아들였고, 상담자인 나를 믿었고 결과적으로 당신은 다른, 조금 더 적극적인 방식으로 소통하려고 노력할 수 있었다.
• 당신은 세 달 동안 자해하지 않았다. 상처는 희미해져 가고 당신은 당신의 마음챙김 기법과 연습을 하면서 매우 단호해졌다. 이것은 당신이 살면서 활용할 수 있고 당신의 가족에게 가르쳐 줄 수 있는 기술이 될 것이다. 잘했다!
• 훌륭히 결정하고 열심히 해 왔다.

청소년 내담자에게 그들이 프로그램의 종착지에 성공적으로 도달했다고 이야기하라. 치료에 대한 그들의 생각과 반영에 대해 자세하게 피드백해 주는 것이 좋다. 이것은 그들이 몇 가지 기법을 수정하고 그 과정과 그들이 필요할 수도 있다고 느끼는 다른 도움을 생각하는 데 도움을 줄 것이다. 청소년 내담자에게 그들이 개인적인 '치료' 시간을 매주 갖는 것을 제안하는 것은 유용할 수 있다(일반적으로 10분에서 30분 사이, 만약 가능하다면 더 긴 시간도 좋다). 이 시간 동안 청소년 내담자는 그들의 폴더를 펴 보고, 그들이 지낸 그 주를 생각하고, 그들이 사용한 전략의 효율성을 평가하고, 그들이 잊었을지도 몰랐던 다른 것에 대해 탐색해야 한다.

CBT와 그들의 양식을 다시 보고 그들의 감정, 자해 그리고 관계에 관해서 그들이 빚었던 갈등을 반영하는 것 또한 유용한 시간이다. 이것은 모두 너무 쉬워서 도움이 되지 않는 습관으로 돌아갈 수 없다. 청소년 내담자에게 다음과 같은 문제가 있을 수 있다는 것을 설명하라. 대부분의 사람들은 치료 후에 몇 가지 어려움을 경험한다. 중요한 것은 그것을 다루는 것과 그들이 배워온 새로운 기술을 강화하는 것이다. 자해와 다른 파괴적인 습관은 스트레스를 받는 시간 동안 되돌아올 수 있다. 그래서 청소년 내담자는 스트레스를 느끼기 시작할 때 언제든지 그들이 작업한 것을 다시 보고 CBT 단계를 따라야 한다.

작별 인사하기

지난 몇 달 동안 청소년 내담자는 아마도 당신을 그들의 상담자로서 신뢰해 왔다는 것을 기억하라. 종결 상담은 아주 어려울 수 있고, 청소년 내담자는 당신에게 강하게 애착을 가지게 될 수도 있다(당신이 꼭 그렇게 느끼지 않더라도). 청소년 내담자는 치료의 끝을 향해 갈 때 가끔씩 화가 나서 회기를 일찍 끝낸다거나(거부당하는 느낌을 피하기 위해) 그들이 느끼는 스트레스나 치료적 관계를 유지하기 위해 증상이 다시 돌아오거나 증상을 증가시킨다. 그들의 치료가 끝나 가고 있지만 당신은 그것을 맨 나중에서야 알게 될 수도 있기 때문에 청소년 내담자를 위해 꺼낸 그 문제에 대해 대화를 시도하는 것이 중요하다. 행동이 단계적으로 확대되는 것을 강화하지 않기 위해서 치료 기간 동안 이것에 대해 민감하도록 노력해야 한다.

이미 언급했던 대로 과정 속에서 이러한 행동 패턴을 찾는 것과 적절한 때에 그것을 다루는 것은 중요하다. 자해 행동의 충분히 생각한 양식과 기능 분석은 이러한 어려움을 경고해 주었어야 했다. 그리고 이것은 결과적으로 당신이 종결할 때 나타날 수 있는 어떤 문제든 미연에 방지할 수 있도록 해야 한다. 당신은 어떻게 프로그램을 끝낼 것인지에 대해 고민할 필요가 있을 것이다. CBT 모델 안에서 이것은 추수회기를 제공하는 데 있어 유용한 연습이 될 수도 있지만 모든 청소년 내담자에게 적절하지 않을 수도 있는데, 특히 매우 강한 애착을 발달시켜오고 '흘러가도록' 하는 것이 어려운 사람들에게 그렇다. 당신은 양식과 임상적 요구에 따라 안내되어야 한다. 만일 청소년 내담자가 기술을 일반화하고 사용하는 데 분투하고 있다면, 추수회기는 매우 유익할 수 있다. 그러나 만약 그들이 상담자를 보지 못하는 것에 대해 더욱 걱정한다면, 그들만의 강화 기간은 더욱 도움이 될 것이다.

종결 상담은 그들이 장기든지 단기든지 모든 상담자에게 중요하다. 치료의 과정은 청소년 내담자가 감정적으로 준비될 수 있도록 돕는다. 그리고 좋은 상담자는 청소년 내담자(혹은 그들의 가족)이 그들에게 의존하는 것을 막기 위해 노력할 것이다. 핵심적인 기술 중 하나는 종결이 청소년 내담자의 기본적인 감정적 욕구가 상담실 밖에서 충족되고 있다는 것을 확인할 때 발휘된다. 이것은 청소년 내담자가 프로그램 기간 동안 개발해 온 기술과 전략뿐만 아니라, 부모, 학교 혹은 친구들에게서 올 수 있다.

상담자는 종종 그들이 프로그램 마지막이라도 조금 더 제공할 수 있다고 느낀다. 특히 문제가 전체적으로 해소되지 않았을 때 그렇다. 그러나 가장 좋은 치료 효과는 배워 온 전략을 수행하는 청소년 내담자만의 동기와 상담자의 지지 간의 균형을 이루는 것으로부터 온다는 것을 기억하라. 희망적이게도 부모 또는 양육자는 회기 동안 상담자가 했던 지지적인 역할을 할 수 있을 것이다. 청소년 내담자에게 부모 혹은 양육자가 회기에 같이 참여하고 그들의 생각을 공유하는 것에 찬성하는지를 물어보는 것도 가치 있을 수 있다. 만약 청소년 내담자가 원한다면 이것은 아주 시작 단계에서 일어날 수 있다. 만약 아니라면 피드백을 위해서 부모·양육자를 마지막 남은 두 회기에 초대하는 것은 굉장히 유용하다.

청소년 내담자가 그들의 여정을 계속하게 하는 필수적 도구를 확실히 다지는 것에 더불어, 작별 인사의 또 다른 측면은 치료의 마지막에 반영된다. 이 마지막 회기는 청소년 내담자가 그들이 이전에 사용한 파괴적인 패턴을 방지할 새롭고 잘 검증된 전략과 함께 그들 인생의 다음 단계로 넘어가도록 기회를 주어야 한다. 이것은 또한 그들이 의미 있는 관계의 마지막과 필연적으로 동반하는 상처를 인내하고 극복하는 것을 연습할 기회이다.

청소년 내담자가 당신과 함께 경험해 온 치료적 여정에 대한 일반적인 피드백을 주면 그것과 함께 치료를 종결하라. 당신은 이렇게 물어볼 수 있다.

- 당신은 치료에 대해 어떻게 생각했나요?
- 당신이 이것이 특히 유용하거나 덜 유용했다고 느꼈던 때가 있었나요?
- 치료의 어떤 측면(나의 상담자 방식)이 과정에서 도움이 되거나 혹은 방해가 되었나요?
- 무엇이 이 경험에 대한 당신의 흥미를 떨어뜨렸나요?

당신의 방식을 이해하는 것과 미래에 대한 그들의 계획을 추가하는 것에 대한 청소년 내담자의 피드백을 활용하도록 노력하여라. 작별 인사하라. 그리고 당신이 만약 이것이 쓸모가 있을 것이라고 느낀다면, 청소년 내담자에게 치료의 요약이 적힌 치료적인 종결 편지를 주어라. 만약 그렇지 않다면 인증서와 그들의 상담 파일은 그들의 치료로부터 인생의 다음 단계로의 이행을 표시할 수 있다.

참고 문헌

1. Bell, L. (2003) *Managing Intense Emotions and Overcoming Self-destructive Habits: A Self-Help Manual.* London: Routledge.
2. Ibid.

청소년 내담자를 위한 유인물: 14회기

종결

당신은 치료의 종결에 도달했다. 이것에 대해 혼합된 감정을 가지는 것이 일반적이다. 몇몇 사람들은 끝내고 그들에 삶으로 가기를 간절히 원한다. 또 다른 사람들은 약간 슬퍼하고 불안해 한다. 두 가지 반응 모두 일반적이다. 당신은 아마도 지난 몇 달 동안 상담자를 많이 신뢰했을 것이고 그들과 좋은 관계를 맺어 왔을 것이다. 당신의 기분이 어떤지 그들에게 말해 보아라. 그들은 종결하는 과정 동안 당신을 도울 수 있다. 당신의 치료가 끝나는 것을 익숙하고 파괴적인 패턴을 막는 새롭고 검증된 전략과 함께 당신 삶에 있어 다음 단계로 가는 기회라고 생각하라. 또한 중요한 관계의 마지막과 함께 항상 동반되는 상처를 인내하고 극복하는 것을 연습할 기회이다.

목표 다시 살펴보기

당신은 당신에게 가장 중요했다고 느꼈던 부분에 대해서 당신의 과정을 평가하기 위해 당신의 상담자와 함께 당신의 목표를 점검할 것이다. 비록 많은 사람들이 치료가 끝난 후에 더 좋아짐을 느끼고 자해 행위가 덜하다고 생각할지라도, 당신이 전혀 문제가 없는 상태가 되기는 어렵다. 요령은 전략을 계속 시도하고 기술을 연습하고 그리고 자해 대신에 그것을 최선을 다해서 사용하는 것이다. 떠오르는 문제를 계속해서 작업하라. 당신은 프로그램 끝에 도달할 때까지 잘해 왔다. 당신은 잘 진행해 왔다. 이제 당신은 이것을 강화하는 것이 필요하다.

계기 파악하기

새로운 자해 삽화의 가능한 계기에 대비해서 당신 스스로를 준비시키는 것은 중요하다. 이것은 당신이 곤경에 빠질 확률이 낮다는 것을 의미할 것이다. 당신의 자해 패턴에 대해 무엇을 배웠는지, 미래에 당신이 자해하도록 유도하도록 눌려지는 버튼이 어떤 것인지에 대해 생각하라. 또한 자해의 단점과 처음에 당신이 이 치료를 시작하기를 원했는지 그 이유를 반영하라.

구급 상자와 도구함

구급 상자와 도구함은 프로그램 기간 동안 당신이 배워온 가장 유용한 모든 기술을 모은다. 그들은 당신이 잘 지내고 조금 더 건강한 삶을 살아나가도록 도와야 한다. 구급 상자는 당신이 위험하거나 당신 스스로 분투하고 있다는 것을 발견할 때 사용할 모든 중요한 기술을 포함한다. 당신이 고통스러운 상태에 있거나 극심하고 어려운 감정을 경험할 때 이것을 사용하라. 도구함은 도움이 될 수 있는 전략을 당신이 기억하거나, 삶이 힘들 때 단순히 잘 지내는 것과 위험한 것을 피하도록 도울 것이다.

건강한 생활

당신의 여정을 계속 해나가고 잘 지내는 것이 필요함을 기억하라. 이것은 당신의 삶이 균형을 이루어야 한다는 것을 의미한다. 당신은 건강한 관계를 만들고 유지하는 것을 계속해 나가는 것이 필요할 것이다. 그리고 이것은 당신의 자기주장 기술, 분노 관리 기술 그리고 당신의 사고와 신념에 초점을 맞추는 다른 인지적 전략을 포함할 것이다. 당신은 이미 당신의 관계 지도에서 지지적이고 신뢰할 가치가 있는 친구들 그리고 가족 네트워크를 파악했어야 했다(만약 당신이 이것이 유용하다고 생각된다면 이것을 지금 다시 할 수 있다). 당신은 또한 자기 파괴적인 행동을 하도록 유도하는 사람들을 목록화하고 그들을 피해야 한다.

잘 유지하고 다음으로 넘어가는 데 있어 또 다른 중요한 측면은 당신만의 인생 목표를 이루어 나가고 가능한 한 당신의 가치를 굳게 지키는 것이다. 이것은 당신에게 개인적으로 중요한 것은 어느 것이든 포함할 수 있다. 예를 들면, 학교에서 좋은 성적을 받는 것, 취미 혹은 관계적인 측면 등이다. 이러한 것들은 당신이 삶에 대한 목적 의식과 의미를 얻도록 돕는다.

종합적으로 당신은 당신 스스로를 돌보는 방법을 배울 필요가 있다. 이것은 성취와 재미 사이에서 균형을 유지하는 것, 타인의 지지를 수용하고 당신 스스로를 위해 무엇을 하는 것 그리고 보통의 건강한 삶의 방식을 따르도록 노력하는 것(운동, 다이어트 등 일지라도)을 포함한다. 이러한 것들이 자해나 다른 문제 행동으로 돌아가도록 이끌지 않는 한, 이 일반적인 규칙의 예외에 대해서 너무 걱정하지 말아라(우리는 모두 가끔씩은 재미가 있고 스스로 즐길 필요가 있다). 시간이 날 때마다 활동지 폴더를 보는 것과 특정 상황에서 당신이 찾은 전략 중 어떤 것이 가장 효과가 있었는지를 생각하는 것 그리고 위기 시점에 정상으로 돌아오기 위해 어떤 것을 쓸 수 있는지를 생각하는 것은 도움이 될 수 있다. 구급상자 안에 이러한 것을 추가하라.

나의 인생 계획

당신의 다음주, 다음 달, 내년의 개인적인 목표는 무엇인가요? 당신 삶의 모든 다양한 부분에 대한 목표를 생각하라.

나의 길

모든 사람들은 좋은 정신 건강을 위해 무언가를 고대하고 미래에 대한 긍정적인 계획을 세우는 것이 필요하다. 당신은 내년을 넘어서 일어날 수도 있는 모든 긍정적인 것에 대해 생각하고, 곧 다가올 미래를 위해 규칙적으로 하는 흥분되고 재미있는 일을 계획해야 한다. 당신이 즐거울 수 있는 모든 것을 생각하라. 이것을 포함할 수 있다. 생일, 공연, 학교가 끝나는 것, 파티에 가는 것, 당신이 가장 좋아하는 TV 프로그램을 보는 것 등.

치료 끝내기

프로그램의 끝에 성공적으로 잘 도달하였다. 좋은 진행 과정이 계속되게 하기 위해서 당신은 매주 당신만의 개인적인 '치료' 시간을 계획하기를 원할지도 모른다(10분에서 30분 혹은 더 길게, 만약 시간이 있다면). 이러한 개인적인 회기 동안에, 당신의 폴더를 들여다보고, 당신이 지난 그 주와 당신이 사용해 본 전략에 대해 생각해 보아라. 그리고 다른 것들이 도움이 되어 왔을 수도 있다. 당신은 또한 당신 스스로에게 CBT와 당신의 방식을 상기시킬 수 있고, 당신이 가지고 있었던 당신의 감정, 자해 그리고 관계에 있어서의 갈등에 반영할 수 있다.

이상한 문제에 대해 걱정하지 마라. 대부분의 사람들은 치료 후에 몇 가지 어려움을 경험한다. 중요한 것은 그것을 다루고 당신이 배워 온 새로운 기술을 강화하는 것이다. 자해와 다른 파괴적인 습관은 스트레스를 받는 시간 동안 돌아올 수 있다. 그래서 스트레스를 받기 시작할 때면 언제든지 당신이 작업해 온 것을 돌아보고 CBT 단계를 따르는 것은 굉장히 중요하다.

무슨 일이 일어나고 있는가?

'현실 이야기'

우리는 이 프로그램을 통해서 자해를 해 온 네 명의 아이들의 '가상' 이야기를 나눌 것이다. 당신은 아마 그들 중 일부와 공통점이 있다고 느낄 수도 있다. 나중에 이들에 대하여 제대로 소개할 것이지만, 먼저 그들의 이야기에 대한 짤막한 소개를 해 보겠다.

Jessica

"나는 자해를 계속해서 해 왔어… 자해를 하지 않았다면 내 삶이 어떤 모습일지 상상조차 할 수 없어."

Cassie

"내 안에 공허함이 나를 삼켜…. 나는 무엇이든, 어떤 것이라도 느끼기 위해서 자해를 해"

Mark

"나는 내면의 쓸데없는 감정을 제거하기 위해 자해를 해…. 나는 내 피를 보는 것을 좋아하고, 그것을 보면 기분이 좋아져."

Katy

"내가 더 이상 감당할 수 없을 때까지 내 안에 스트레스와 논쟁이 쌓였어…. 그때가 내가 약을 잔뜩 먹었던 때야."

자해의 연대표

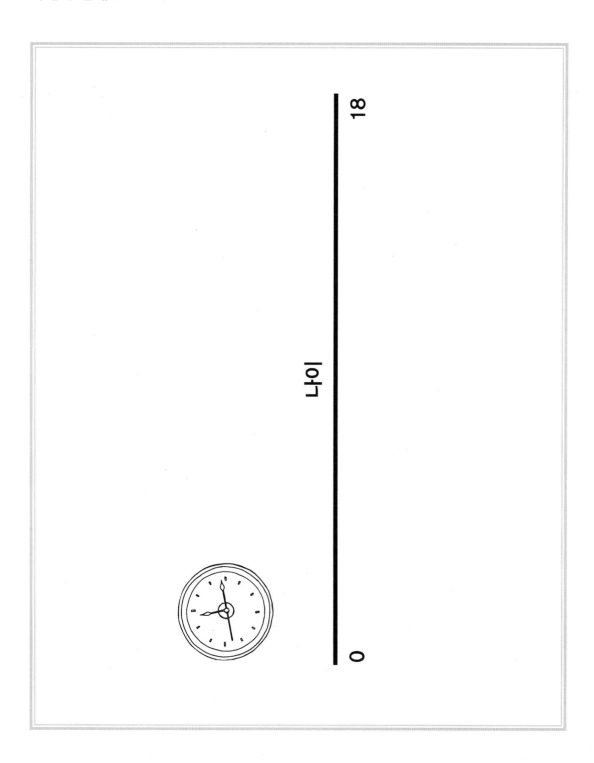

나이

18

0

왜 당신은 자해를 하는가?

당신은 자해를 하기 전 무엇을 느끼는가?

당신이 가장 최근에 경험한 자해를 생각하고, 아래 중 불편하지 않은 질문에 답변하시오.

- 무슨 일이 있었는가?

- 무엇 때문에 그렇게 하였는가?

- 자해하기 전에 무엇을 느꼈는가?

- 그 당시에 중요한 것들은 무엇인가? (사건, 생각, 기억, 피로, 목소리 등)

- 혹시 그런 일들에 어떤 배경이 있었나? (현재 또는 과거로부터의 영향)

- 자해에 대하여 오랫동안 생각 했었는가? 혹은 순간의 충동으로 인한 것인가? 아니면 둘 다인가?

- 보통 이러한 방식으로 자해하는가? 아니라면, 어떤 방식으로 자해하는가?

당신은 자해 후에 무엇을 느끼는가?

당신의 가장 최근에 경험한 자해를 떠올리고, 아래 중 불편하지 않은 질문에 답변하시오.

- 자해 직후에 무엇을 느꼈는가?

- 조금 더 나중에는 무엇을 느꼈는가?

- 지금은 자해에 대하여 어떻게 느끼는가?

- 자해가 당신에게 어떤 도움이 되었다고 생각하는가?

- 자해가 도움이 되지 않는 부분은 무엇이라고 생각하는가?

- 당신이 다르게 행동할 수 있었을 부분이 있는가?

- 보통 이러한 방식으로 자해를 하는가? 아니라면, 어떤 방식으로 자해하는가?

- 지금은 어떻게 느끼는가?

문제와 목표

문제와 목표 설정

문제 (점수 0-10)	목표

CBT란 무엇인가?

인지행동 모델 - 이게 다 뭐야?

인지행동 치료는 사람들이 그들의 문제를 다룰 수 있는 효과적인 방법이다. 인지행동 치료는 우리가 무엇을 생각하는지, 어떻게 느끼는지 그리고 무엇을 하는지, 즉 우리의 행동 사이의 연결에 대해 탐구한다.

예를 들어,
당신이 사람들과 이야기 나누는 것에 소질이 없다는 생각은 당신이 친구들과 어울릴 때 걱정하게 만들 수 있다. 당신은 아마도 조용히 행동하고 말을 많이 하지 않을 것이다.

아무도 나를 좋아하지 않는다는 생각은 당신을 슬프게 만들 것이다. 당신은 아마도 혼자 집에 있을 수도 있다.

나는 항상 일을 제대로 하지 못한다는 생각은 당신을 화나게 할 것이다. 당신은 이러한 감정을 제거하기 위해 자해를 할 수도 있다. 하지만 또 다시 잘못된 일을 저질렀기 때문에 당신은 슬퍼할 수도 있다.

조금 더 상세한 예시를 보고 당신의 생각이 당신의 감정과 행동에 어떠한 영향을 미치는지 생각해 보자.

도움 삼각형(Help triangle)

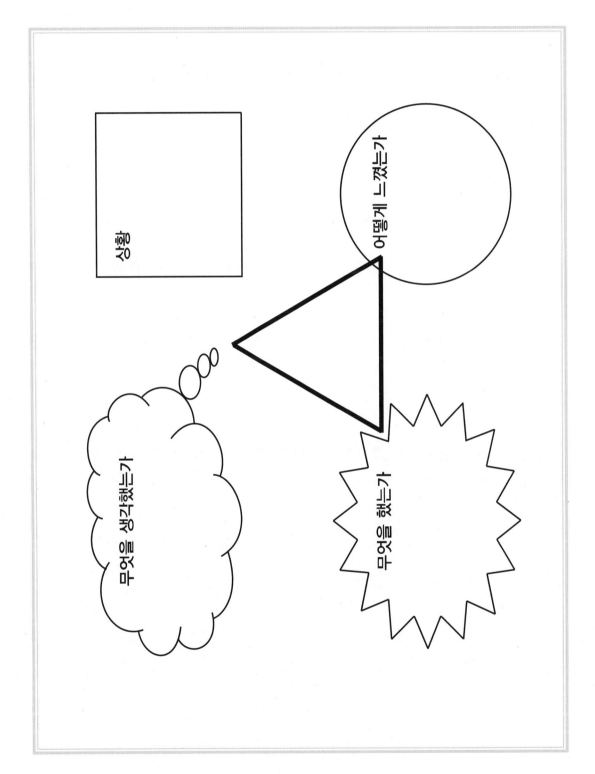

감정 칵테일 풀어내기

회기 과제

당신의 감정을 조금 더 자세히 살펴보려고 한다. 각각 다른 감정 목록을 보고, 지침에 따라 한 번에 하나씩 세 가지의 다른 감정을 가리켜라.

하나를 골라 소리 내어 읽은 다음 당신이 생각하는 이 감정의 의미를 자신의 표현으로 나에게 말하라(이것은 검사가 아니며, 어려운 부분이 있지만, 당신이 이 감정을 이해하는 방식을 내게 알려 주었으면 한다).

- 당신이 그런 종류의 감정을 최근 언제 느꼈는지 또는 친구나 가족을 관찰하였을 때, 언제 그런 감정을 느끼는지 예를 들어 줄 수 있습니까?
- 당신이 이러한 느낌을 느꼈을 때, 벌어졌던 일에 대해서 정확하게 설명해 줄 수 있나요?
- 당신이 고른 다른 감정에 대해서도 이와 같이 진행할 수 있습니다. 당신 또래의 다른 젊은이가 이렇게 느낀다면, 어떻게 행동할 것 같은지와 어떻게 생각할지에 대해 설명할 수 있나요?

감정 목록

겁먹은	두려운	확신하는
외로운	울먹이는	차분한
혐오스러운	통제 불가능한	편안한
당황스러운	좌절하는	비참한
화가 닌	불편한	사랑하는
염려하는	지루한	짜증난
용감한	행복한	만족하는
아픈	불안한	역겨운
질투나는	자랑스러운	부끄러운
실망스러운	무력한	학대받는
슬픈	죄책감이 드는	신나는
익숙한	기분이 나쁜	성난
속상한		

감정 척도

감정 일기

감정 일기 기록하기

감정 일기를 간직하는 것은 여러 가지 방면에서 도움이 될 수 있다. 일기를 되돌아봄으로써 당신이 한 일과 당신이 느낀 방식 사이에 연관성이 있음을 발견할 수 있다. 하루의 특정 시간대에 자신이 생각하는 만큼 자신의 감성이 더 강하다거나, 혹은 당신이 생각했던 것만큼 빈번하지 않았다는 것을 알 수 있다.

일기장 작성 방법

일기 용지는 일주일의 각 하루를 한 시간 단위의 칸으로 나눈다. 각각의 칸에 다음의 정보를 적는다.

- 당신은 무엇을 하였고 누구와 있었는가?
- 당신은 어떻게 느끼는가? 그리고 0–10의 척도에서 느끼는 느낌의 강도는 어떤가?(10이 가장 강함.)

당신이 세부사항까지 적을 필요는 없다. 하나 혹은 두 개의 단어도 충분하다.

오전 8-9							
오전 9-10							
오전 10-11							
오전 11-12							
오후 12-1							
오후 1-2							
오후 2-3							
오후 3-4							
오후 4-5							
오후 5-6							
오후 6-7							
오후 7-8							
오후 8-9							
오후 9-10							
오후 10-11							
오후 11-12							

감정은 우리의 친구

그래, 어쩌면 이 말이 조금은 바보같이 들리겠지만, 이것은 사실이다! 한번 생각해 보아라. 대부분의 사람들은 행복은 긍정적인 감정이고, 분노는 당신이 절대 가져서는 안 될 부정적인 감정이라고 말할지도 모른다. 하지만 우리 모두는 각기 다른 순간에 다른 많은 감정을 느끼며, 그중 일부는 꽤 불쾌한 감정이다! 분노를 느끼는 것은 나쁜 것이 아니다. 중요한 것은 당신이 느낀 그 감정으로 무엇을 하는지이다.

몇몇 조금 더 '어려운' 감정의 몇 가지 긍정적인 측면을 고려해 보도록 하자.

- 분노: 무엇을 옹호하거나 지지하는 힘을 줄 수 있다.

'나의 분노가 나를 위해 무엇을 하는가?

- 시기심: 당신이 무언가를 위해 노력하도록 도울 수 있다.

시기심이 언제 나를 도와주었는가?

- 죄책감: 내가 행동하는 방식을 바꾸도록 도울 수 있다.

죄책감이 나를 어떻게 도와주었는가?

- 두려움: 당신이 스스로를 보호하도록 도울 수 있다.

두려움이 어떻게 나를 도와주었는가?

- 수치심: 미래에 당신이 사랑하는 사람들을 더욱 배려할 수 있도록 돕는다.

수치심을 느끼는 것이 나를 어떻게 도와주었는가?

- 슬픔: 계속해서 나아갈 수 있도록 돕는다.

슬픔은 나를 어떻게 도와주었는가?

- 실망감: 다른 사람들 그리고 자신에 대한 기대가 조금 더 현실적일 수 있게 돕는다.

실망감이 나를 언제 도와주었는가?

이 활동을 진행하면서 자신에 대해서 알게 된 것이 무엇인가?

활동지
12

내가 짓누르고, 억압하고, 삼키는 감정은 무엇인가?

짓눌린 감정

자해는 종종 분노, 좌절, 절망 또는 슬픔과 같은 압도적인 감정을 관리하는 방법의 하나로 간주된다. 때로는 이런 격렬한 감정이 너무 커서 화산처럼 넘쳐흐른다고 느낄 수 있고 이는 감당하기 벅찰 수도 있다. 그래서 우리가 이러한 감정을 경험할 때, 종종 감정을 다루는 방법을 찾으려고 시도한다. 우리는 우리의 감정에 대한 통제감을 갖기 위해서 감정을 삼켜 버리거나 억누르고, 일부 사람들은 안도감을 얻기 위해 자해를 하기도 한다.

어떤 청소년 내담자에게는 이런 강렬한 감정을 묘사하는 방법을 아는 것조차 어려운 일일 수 있다. 일찍부터 '감정 칵테일을 풀어냄'으로써, 당신은 자신의 감정을 더욱 잘 식별하고 이해할 수 있다. 다음 작업은 당신이 억누르고 묻어두었던 특정한 감정을 확인하도록 돕기 위한 것이다.

어떤 감정을 억누르나요?

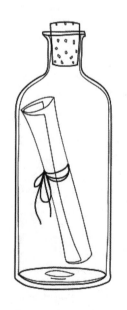

어떤 감정을 삼켜 버립니까?

나의 관계 지도

아래의 다이어그램의 중심에 자신을 놓은 다음, 당신 인생의 다른 사람들을 추가하여라.

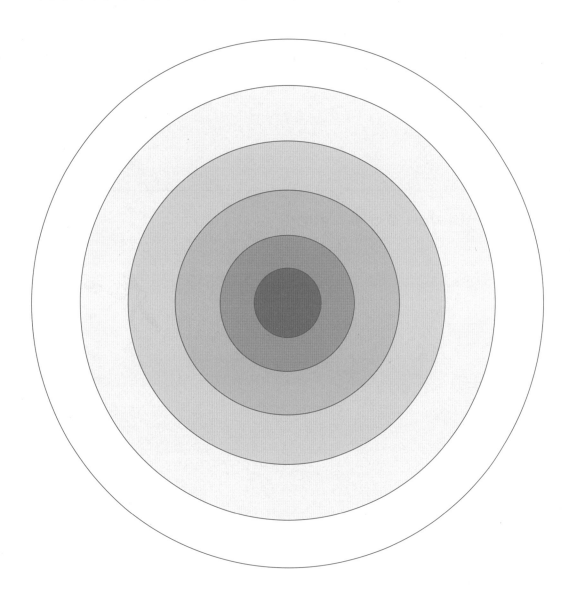

강점

나의 강점 – 내가 잘하는 일!

내가 잘하는 일

나의 가족은 나의 강점이 무엇이라고 말할까?

왜 나의 친구들은 나를 좋아할까?

내가 성취한 것은 무엇인가?

당신은 변화할 준비가 되었는가?

당신이 이것을 읽고 있다는 사실은 적어도 당신의 일부는 변화를 고려하고 있다는 뜻입니다. 변화에 대한 어떠한 선택도 복잡한 감정들로 저글링을 하는 것을 포함하기 때문에, 쉽지 않아요. 다음의 척도가 아마 당신을 도울 수 있을 것입니다.

변화의 중요성

스스로에게 다음의 질문을 하십시오. 변화하는 것이 당신에게 얼마나 중요합니까? 변화의 필요성을 느끼는 이유가 무엇입니까? 스스로에게 10점 만점에 몇 점의 점수를 부여하겠습니까?

변화를 위한 능력

스스로에게 다음의 질문을 하십시오. 당신은 당신의 변화를 위한 능력에 얼마나 자신감을 가지고 있습니까? 스스로에게 10점 만점에 몇 점의 점수를 부여하겠습니까?

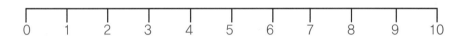

두 개의 자(ruler) 모두에 점수를 부여하였다면 다음의 질문에 대해 생각해 보십시오.

- 스스로에게 0 또는 10 대신 왜 그 점수를 부여하였습니까?
- 당신에게 더 높은 점수를 부여하려면 어떤 일이 일어나야 합니까?
- 당신이 더 높은 점수를 부여받는다면 당신 자신에 대하여 무엇을 알게 될까요?
- 당신이 더 높은 점수를 부여받기 위해 다른 사람들이 당신을 어떻게 도울 수 있겠습니까?
- 더 높은 점수를 부여받기 위해 당신을 도울 수 있는 당신이 가진 강점과 지원에는 무엇이 있습니까?

당신과 가까운 사람들은 얼마나 당신이 변화하기를 바라나요?
아래의 선에 표시하시오.

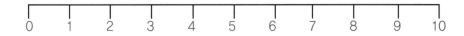

스스로에게 부여한 점수와 타인이 부여한 점수에 큰 차이가 있다면, 이것이 당신에게 어떤 것을 알려 주나요?

되돌아보기: 이 활동으로부터 무엇을 배웠나요? ✏️

균형 잡기

자해를 그만두라는 당신의 주변 사람들로 인해 쉽게 압박감을 느낄 수 있습니다. 당신에게 자해는 일부는 긍정적이고 일부는 부정적인, 수많은 다양한 의미를 지녔으며 따라서 당신은 그때그때 자해에 대해서 다른 감정을 느낄 수 있습니다. 그러므로 한 걸음 물러서서 현재와 미래의 당신의 인생에서 스스로를 다치게 하는 것의 좋은 측면과 별로 좋지 않은 측면을 함께 살펴봅시다.

아래의 균형 표를 작성하시오.

현재 나에게 있어서 자해의 좋은 점	현재 나에게 있어서 자해의 나쁜 점
현재 다른 사람들과 나와의 관계에 있어서 자해의 좋은 점	현재 다른 사람들과 나와의 관계에 있어서 자해의 나쁜 점
미래 나에게 있어서 자해의 좋은 점	미래 나에게 있어서 자해의 나쁜 점
미래 다른 사람들과 나와의 관계에 있어서 자해의 좋은 점	미래 다른 사람들과 나와의 관계에 있어서 자해의 나쁜 점

다른 사람의 시각으로 자해 바라보기(역할극)

　이 과제의 목적은 당신이 다른 사람들의 눈을 통하여 당신의 자해를 바라보는 것입니다. 당신의 상담자와 함께, 당신은 다음의 상황을 연출할 것입니다. 당신의 상담자는 각각의 상황에서 당신 자신의 역할을 맡을 것이며 당신은 당신이 ~라고 상상할 것입니다.

1. 선생님, 가족의 친구, 당신이 가장 좋아하는 이모 또는 부모와 같은 어른 등, 당신이 존경하며, 그가 공정할 것임을 알 수 있는 누군가이어야 합니다. 만약 당신이 그러한 사람을 모른다면, 그런 사람을 만들어 내세요. 이러한 자질을 가진 텔레비전, 영화, 책 또는 역사 속 어떤 인물이면 됩니다.

   이 사람이 당신의 자해에 대해 어떻게 이해하고 어떻게 바라보는지에 대해 당신에게 뭐라고 말할 것 같은지 편지에 쓰세요. 당신의 삶을 어떻게 더 좋게 바꿀 수 있는지에 대해 그 사람이 당신에게 해 줄 것 같은 조언을 설명하세요(5분).

2. 가깝고, 다정한 친구 등, 무슨 일이 있어도 당신을 수용해 줄, 당신이 깊게 신뢰하는 누군가를 상상하세요. 다시 한번 만약 당신이 그러한 사람을 생각해 낼 수 없다면 그런 친구를 창조해 내세요.

   당신의 친구는 당신을 어떻게 봅니까? 당신의 자해가 그들에게 어떤 영향을 미쳤습니까? 그들의 생각과 감정은 어떠합니까? 당신과 당신의 미래를 위해 그들은 어떤 조언을 해줍니까?

   다시 한번, 당신의 친구가 당신에게 이야기하고 있다고 상상하며 당신의 상담자에게 이야기 하세요(5분).

3. 스스로(더 성숙하고 현명해진 당신일 때)가 (현재) 스스로에게 자신의 자해에 대하여 이야기하기

   스스로에게 무슨 이야기를 해 줄 것입니까? '미래의 당신'이 현재의 당신에게 이야기해 주고 싶은 방식대로 당신의 상담자에게 이야기하세요(5분).

　되돌아보기 상자: 어떤 이야기를 나눴는지 마지막 5분 동안 되돌아보세요. 이 활동에 무엇을 배웠는지 간략하게 작성하세요.

다른 사람들의 시각으로 자해를 바라보기(편지 쓰기)

이 과제의 목적은 당신이 다른 사람들의 눈을 통하여 당신의 자해를 바라보는 것입니다. 종이 한 장을 꺼내, 다음 3명의 인물 ○○(으)로부터 당신 스스로에게 각 한 장씩, 3장의 편지를 쓸 것입니다(각 편지에 5분씩 할애하세요).

1. 선생님, 가족의 친구, 당신이 가장 좋아하는 이모 또는 부모와 같은 어른 등, 당신이 존경하며, 그가 공정할 것임을 알 수 있는 누군가이어야 합니다. 만약 당신이 그러한 사람을 모른다면, 그러 사람을 만들어 내세요. 이러한 자질을 가진 텔레비전, 영화, 책 또는 역사 속 어떤 인물이면 됩니다.

   이 사람이 당신의 자해에 대해 어떻게 이해하고 어떻게 바라보는지에 대해 당신에게 뭐라고 말할 것 같은지 편지에 쓰세요. 당신의 삶을 어떻게 더 좋게 바꿀 수 있는지에 대해 그 사람이 당신에게 해 줄 것 같은 조언을 설명하세요(5분).

2. 가깝고, 다정한 친구 등, 무슨 일이 있어도 당신을 수용해 줄, 당신이 깊게 신뢰하는 누군가를 상상하세요. 다시 한번 만약 당신이 그러한 사람을 생각해 낼 수 없다면 그런 친구를 창조해 내세요.

   당신이 당신의 친구의 관점에서 당신에게 어떤 것을 설명하기 위해 글을 쓴다고 상상하세요.

   당신의 친구는 당신을 어떻게 생각합니까? 당신의 자해가 그들에게 어떤 영향을 미쳤나요? 그들의 생각과 감정은 어떠합니까? 당신과 당신의 미래를 위해 그들은 어떤 조언을 해줍니까?

3. 스스로(더 성숙하고 현명해진 당신일 때)가 (현재) 스스로에게 자신의 자해에 대하여 이야기하기

   스스로에게 무슨 이야기를 해 줄 것입니까?

되돌아보기 상자: 어떤 이야기를 적었는지 마지막 5분 동안 되돌아보세요. 이 활동에 무엇을 배웠는지 간략하게 작성하세요.

미래에 대해 생각하기

당신이 정말로 변화할 준비가 되었는지 생각하는 것을 돕기 위한 또 다른 과제는 만약 …라면 미래가 어떻게 될 것인지에 대해 생각해 보는 것입니다.

1= 당신이 여전히 자해를 함.

2= 당신이 더 이상 자해를 하지 않음.

1. 여전히 자해를 함.	앞으로 몇 년 후에도 내가 여전히 자해를 한다면 이 영역에서 다음의 일들이 일어났을 것이다.
내가 얼마나 건강한지	
내가 얼마나 인생을 즐기는지	
직업을 갖는 것이 얼마나 쉽다고 느낄 것인지	
교육을 마치는 것이 얼마나 쉬울 것인지	
내 몸에 대해 내가 얼마나 행복하게 느낄 것인지	
나 자신에 대해 얼마나 좋게 느낄 것인지	
내가 얼마나 운동을 할 것인지	
우정을 갖는 것	
애인을 갖는 것	
나의 부모님과 가까운 관계를 유지하는 것	
친한 친구가 생기는 것	
휴가를 가는 것	
취미 · 흥미를 갖는 것	

2. 더 이상 자해를 하지 않음.	앞으로 몇 년 후, 내가 자해를 그만 두었다면 이 영역에서 다음의 일들이 일어났을 것이다.
내가 얼마나 건강한지	
내가 얼마나 인생을 즐기는지	
직업을 갖는 것이 얼마나 쉽다고 느낄 것인지	
교육을 마치는 것이 얼마나 쉬울 것인지	
내 몸에 대해 내가 얼마나 행복하게 느낄 것인지	
나 자신에 대해 얼마나 좋게 느낄 것인지	
내가 얼마나 운동을 할 것인지	
우정을 갖는 것	
애인을 갖는 것	
나의 부모님과 가까운 관계를 유지하는 것	
친한 친구가 생기는 것	
휴가를 가는 것	
취미·흥미를 갖는 것	

되돌아보기 상자: 이 두 가지 활동으로부터 나는 무엇을 배웠나요?

미래를 생각하기 활동

다음주의 어느 저녁에, 이 활동을 하는 데 시간을 조금 보내세요.

눈을 감고 미래의 당신을 상상해 보세요.

당신이 16세 또는 17세라면, 당신이 최근에 18번째 생일을 맞았다고 상상해 보세요.
당신이 16세보다 어리다면, 당신이 최근에 16번째 생일을 맞았다고 상상해 보세요.

그 후 눈을 뜨고 스스로에게 두 개의 편지를 작성하세요.

첫 번째 편지에, 당신이 자해를 멈추었다면 당신의 삶이 어떨지에 대해 설명하세요.
두 번째 편지에는, 당신이 여전히 자해를 하고 있다면 당신의 삶이 어떨지에 대해 설명하세요.

생각, 감정 그리고 행동

활동지 19

긍정적이고 즐거운 활동

1. 욕조에 몸 담그기	41. 내 방 가구 새로 배치하기
2. 미래에 할 활동을 계획하기	42. 집안을 돌아다니며 노래 부르기
3. 휴식하기	43. 외식하기
4. '혼자'만의 시간 가지기	44. 새로 머리하기
5. 음악 듣기	45. 나는 괜찮은 사람이라고 생각하기
6. 영화 보기	46. 오래된 친구 만나기
7. 산책하기	47. 스케이트 타기
8. 햇볕을 받으며 누워있기 휴가를 알아보기 또는 예약하기	48. 유머러스한 책 읽기
9. 재밌거나 행복한 추억 떠올리기	49. 잠 자기
10. 웃기	50. 악기 연주하기
11. 다른 사람의 이야기 듣기	51. 시나 글 쓰기
12. 잡지나 책 읽기	52. 손톱 관리 받으러 샵에 가기
13. 사람들과 이야기하기	53. 사진 찍기
14. 조깅하기	54. 몽상에 잠기기
15. 쇼핑하기	55. 가장 좋아하는 텔레비전 프로그램 보기
16. 친구와 만날 약속을 잡기	56. 자전거 타기
17. 낙서하기	57. 선물 사기
18. 식물 또는 반려동물 돌보기	58. 과제 완료하기
19. 새로운 사람 만나기	59. 내가 좋아하는 사람과 데이트를 하면 어떨지 상상하기
20. 복권에 당첨되면 무엇을 할지 계획하기	60. 즐거운 사건 생각하기

21. 손톱에 매니큐어 바르기	61. 창의적인 일 하기
22. 일기 쓰기	62. 춤추기
23. 퍼즐 맞추기	63. 목표를 향해 한 발자국 나아가기
24. 소풍가기	64. 무언가 한 후에 '나 꽤 잘했다'고 생각하기
25. 내가 그날그날 성취한 일들 돌아보기	65. 명상하기, 마음챙김 훈련하기, 호흡 훈련하기
26. 가끔 스스로를 위한 선물 사기	66. 카드놀이 하기
27. 통화하기	67. 흥미로운 토의하기
28. 요리하기	68. 스스로와 긍정적인 대화하기
29. 마사지받기	69. 지역사회에서 봉사활동 하기
30. 나의 장점에 대해 스스로 상기하기	70. 전 세계에서 내가 가장 방문하고 싶은 최고의 장소가 어딘지 찾고 여행 계획하기
31. '임의의 선행'으로 누군가 놀라게 하기	71. 하루 동안 새로운 곳 가보기
32. 볼링치기	72. 휴대전화나 태블릿컴퓨터로 게임하기
33. '오늘의 선행'하기	73. 수족관이나 박물관 가기
34. 카페에 앉아서 사람들 관찰하기	74. 좋은 경치 보기
35. SNS 하기	75.
36. 새로운 일하기	76.
37. 반려동물 껴안기	77.
38. 무언가 만들기	78.
39. 그림 그리기	79.
40. (행복한) 옛날 사진 보기	80.

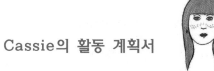

Cassie의 활동 계획서

시간 \ 요일	월요일
오전 8-9	잠에서 깨 침대에 누워 있음 슬픔 9
오전 9-10	늦게 일어나서 학교에 지각함 슬픔 7
오전 10-11	영어 수업을 들음 걱정 4
오전 11-12	여전히 수업을 들음 걱정 5
오후 12-1	홀로 점심 식사를 함 슬픔 10
오후 1-2	친구들과 체육 수업을 들음 걱정 8
오후 2-3	영어 수업을 들음 괜찮음 5
오후 3-4	학교에서 집으로 귀가함 괜찮음 6
오후 4-5	엄마와 차를 마심 짜증남 7
오후 5-6	내 방으로 올라옴 비참함 8
오후 6-7	언니와 대화함 행복함 6
오후 7-8	가족과 저녁 식사를 함 지루함 7
오후 8-9	텔레비전을 시청함 편안함 8
오후 9-10	
오후 10-11	침대에 누움 걱정 8
오후 11-12	잠이 오지 않음 걱정 10

빈 활동 계획서

요일 시간	월요일	화요일	수요일	목요일	금요일	토요일	일요일
오전 8-9							
오전 9-10							
오전 10-11							
오전 11-12							
오후 12-1							
오후 1-2							
오후 2-3							
오후 3-4							
오후 4-5							
오후 5-6							
오후 6-7							
오후 7-8							
오후 8-9							
오후 9-10							
오후 10-11							
오후 11-12							

Mark의 도움 삼각형

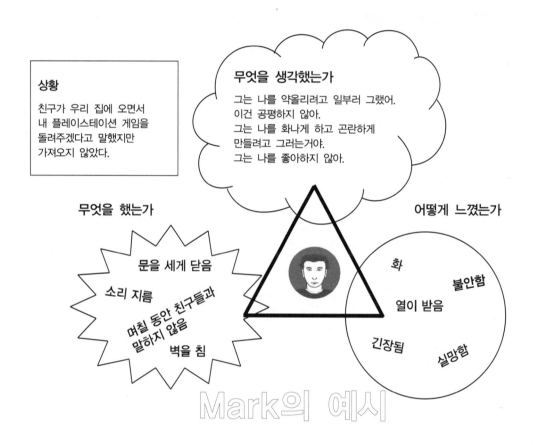

무엇을 생각했는가

그는 나를 약올리려고 일부러 그랬어.
이건 공평하지 않아.
그는 나를 화나게 하고 곤란하게
만들려고 그러는거야.
그는 나를 좋아하지 않아.

상황

친구가 우리 집에 오면서
내 플레이스테이션 게임을
돌려주겠다고 말했지만
가져오지 않았다.

무엇을 했는가

문을 세게 닫음
소리 지름
며칠 동안 친구들과
말하지 않음
벽을 침

어떻게 느꼈는가

화
불안함
열이 받음
긴장됨
실망함

Mark의 예시

빈 도움 삼각형

안경

1 + 2 = 5 ?

속단 안경

흑백 사고 안경

자기 비난 안경

과잉 일반화 · 과장 안경

'~해야 한다/해야만 한다/할 의무가 있다' 안경

사고의 위험 요소

　당신은 상황이 나쁜데도 불구하고 모든 것을 희망적이고 쾌활하게 바라보는 사람을 설명할 때 쓰는 '장밋빛 안경을 끼고 세상을 바라본다'는 표현을 들어보았을 것이다. 이는 비현실적이기 때문에 사고의 함정의 한 종류이다.

　이 사람은 오직 하나의 관점으로 상황을 바라보고 상황의 부정적인 측면은 보지 않는다.

　사고의 함정 또는 편향은 도움이 되지 않는 방식의 사고이다. 우리는 모두 이러한 위험 요소에 걸려들지만 반복적으로 걸려들면 기분을 상하게 하며 행동에 영향을 미친다.

다양한 종류의 사고의 함정이 있지만, 조심해야 할 다섯 가지 주요한 것들이 있다.

1. 흑백 사고

'모 아니면 도'의 방식으로 세상을 바라본다. 예를 들어, 세상을 아름답거나 끔찍하게, 완전한 성공이거나 또는 완전한 실패라고 중간이 없이 둘 중 하나로 바라보는 사람을 말한다.

2. 속단

가능한 대안적 설명들을 고려하지 않은 채 상황이 악화될 것이라고, 또는 무언가 잘못했다고 결론짓는 것을 말한다. 타인이 무슨 생각을 하는지, 또는 어떤 감정을 느끼는지 알고 있다고 생각하거나('독심술'), 또는 무슨 일이 일어날지 알고 있다고 생각하는 것을 말한다('점치기'). 예를 들어, 낙제할 것이라는 것을 '알기' 때문에 시험을 보지 않는다거나 누군가 당신에게 인사하지 않았기 때문에 그 사람이 당신을 싫어한다고 생각하는 것을 말한다.

3. 과잉 일반화

어떤 것을 지나치게 과장하는 것을 말한다. 생각에 '항상', '절대', '모두가', 또는 '아무도'가 포함되어 있을 때 이것을 쉽게 발견할 수 있다. 예를 들어, 낮은 성적을 받은 후, '모두가 나보다 잘났어. 나는 그 어떤 것도 절대 잘 하지 못해.'라고 생각하는 것을 말한다.

4. ~해야 한다/해야만 한다/할 의무가 있다

스스로를 힘들게 하는 것을 말한다. '나는 더 잘해야만 해', '나는 더 잘해야 해', '나는 더 잘 알았어야 할 의무가 있어'와 같은 이러한 생각은 종종 과잉 일반화와 관련이 있다.

5. 자기 비난

당신의 잘못이 아니거나 당신의 통제 밖에 있는 일에 책임감을 느끼는 것을 말한다. 예를 들어, '우리 아빠는 내 태도 때문에 떠났어', '내가 얻어 맞은 건 다 내 잘못이야.' 등.

당신에게 위의 모든 것이 친숙하게 들리더라도 걱정하지 말라고 말아라! 이것은 모두가 걸려드는 사고의 함정이다. 당신은 이것들 중 한 가지를 다른 것보다 유독 많이 사용할 수도 있고 여러 가지 사고의 편향을 통합하여 사용할 수도 있다.

생각 기록지

상황			
어떤 감정을 느끼고 있었나요? (척도 평가)			
어떤 생각이 들었나요? (NATs)			
당신의 생각을 얼마나 믿나요?(%)			
당신의 생각 중 이러한 생각을 지지하는 근거는?			
당신의 신념에 도전하는 증거는 무엇이 있나요?			
사고의 함정을 찾아낼 수 있나요?			
이제 생각을 얼마나 믿나요?(%)			
가능한 대안적인 생각들			
이제 감정을 어떻게 평가하나요?			

신념 척도

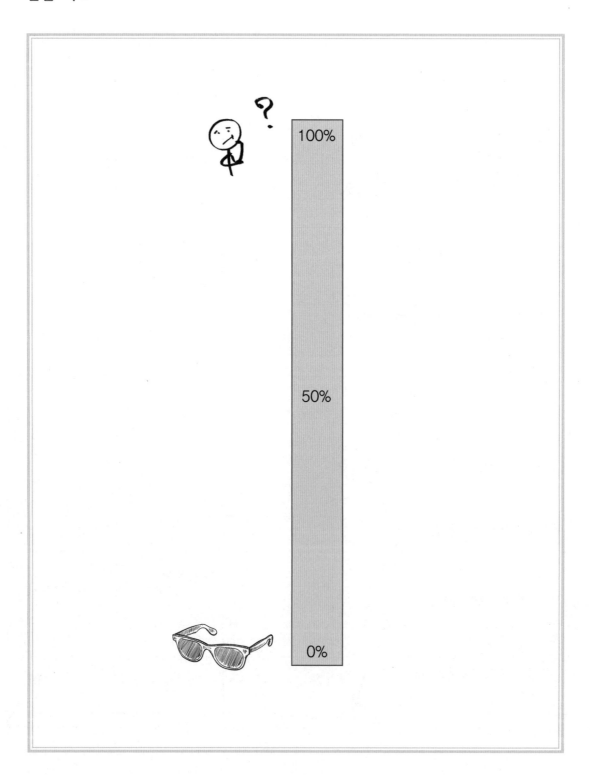

간략한 참고 지침

기분이 안 좋거나 부정적인 생각이 들 때, 다음과 같은 것을 기록하라.

1. 상황
   - 당신은 어디에 있는가? 무엇을 했는가? 언제, 누구와 함께 있는가?

2. 감정
   - 한마디로 당신의 감정은 어떠한가?
   - 감정 척도를 사용하여 정도를 측정해 보아라(10을 기준으로).

3. 생각
   - 당신의 머릿속에 떠올랐던 모든 생각을 묘사해 보아라.
   - NATs는?

4. 신념
   - 각 신념을 어느 정도로 믿었는지 백분율로 나타내라.

5. 균형
   - 내 믿음을 지지하는 근거를 적어라.
   - 내 믿음을 부정하는 근거를 찾아보고 기록하라.

6. 사고의 오류
   - NATs를 돌아봤을 때, 생각의 오류가 있는가?

7. 신념 재고
   - 다시 신념을 믿는 정도를 백분율로 나타내라. 변화가 있었는가?

8. 대안적 사고
   - 이제 생각의 균형을 가졌으니, 더 대안적인 생각을 갖도록 하라.

9. 감정 재고
   - 김장이 바뀌었는지 생각해 보고 기록하라.

팁! 누군가(제일 친한 친구, 형제 자매 등) 나와 같은 상황에 처했을 때, 그들의 믿음에 대해 나는 어떻게 생각했을지 객관적으로 생각해 보는 것이 도움이 된다.
계속 같은 실수를 되풀이한다고 느끼지는 않는가?

생각 기록지 예시-Katy의 상황

상황	가장 친한 친구와 다툼
어떤 감정을 느끼고 있었나요? (척도 평가)	분노(100%) 상처 받음(90%) 배신감(75%)
어떤 생각이 들었나요? (NATs)	나는 가치가 없다. 친구에게 나는 아무것도 아니다. 나는 한심하다.
당신의 생각을 얼마나 믿나요?(%)	100% 80% 60%
당신의 생각 중 이러한 생각을 지지하는 근거는 무엇인가요?	친구가 나와 절교하고 싶어서 일부러 나를 화나게 하려고 시비거는 것 같다.
당신의 신념에 도전하는 증거는 무엇이 있나요?	우리는 모두 센 성격을 가지고 있으며 의견이 다르다. 그 후, 우리는 의견 충돌에 대해 웃어넘길 수 있다.
사고의 함정을 찾아낼 수 있나요?	과잉 일반화
이제 생각을 얼마나 믿나요?(%)	60%
가능한 대안적인 생각은 무엇인가요?	의견이 불일치하는 것은 당연한 일이다. 우리가 다투더라도 나는 여전히 누군가에게 중요한 사람일 수 있다.
이제 감정을 어떻게 평가하나요?	분노(40%) 상처 받음(60%) 배신감(30%)

자기 자신에게 도전해 보기

자기 자신에게 도전하라!

우리는 가끔 생각의 오류에 빠질 수 있다는 것을 경험하였다. 이러한 오류를 저지르게 되면 슬픔, 분노와 같은 부정적 감정을 느낄 수 있다.

가끔 우리는 자기비판적으로 행동하며 이러한 생각이 사실이라고 인정한다. 이러한 사고를 검토하고 생각에 도전하는 것은 그것이 우리 머릿속을 맴도는 것을 예방할 수 있다. 이러한 생각에 도전하지 않으면, 감정이 더 나빠질 수 있다. 도움 삼각형을 기억하라(우리의 생각이 우리의 감정과 행동에 영향을 미친다).

생각에 도전하는 것은 무조건 긍정적으로 생각하는 것과 다르다. 이것은 균형잡힌 생각을 하는 것이다. 균형잡힌 생각을 한다는 것은 나의 생각이나 문제를 뒷받침하는 근거와 부정하는 근거 둘 다 살펴보는 것이다.

생각에 도전하는 방법, 생각 기록지 이용하기

기분이 좋지 않거나 문제가 되는 생각이 떠오르면 생각 기록지를 사용하여 다음과 같은 것을 기록하라.

1. 상황
   - 당신은 어디에 있었는가? 무엇을 했는가? 언제? 누구와 함께 있는가?

2. 감정
   - 한마디로 당신의 감정은 어떠한가?
   - 감정 척도를 사용하여 정도를 측정해 보아라(10을 기준으로).

3. 생각
   - 당신의 머릿속에 떠올랐던 모든 생각을 묘사해 보아라.
   - NATs는?

4. 신념
   - 각 신념을 어느 정도로 믿었는지 백분율로 나타내라.
   - 신념 척도를 사용해라.

5. 균형

- 내 믿음을 지지하는 근거를 적어라.
- 내 믿음을 부정하는 근거를 찾아보고 기록해라.

6. 사고의 오류

- NATs를 돌아봤을 때, 생각의 오류가 있는가?

7. 신념 재고

- 다시 신념을 믿는 정도를 백분율로 나타내라. 변화가 있었는가?

8. 대안적 사고

- 이제 생각의 균형을 가졌으니, 더 대안적인 생각을 갖도록 하라.

9. 감정 재고

- 감정이 바뀌었는지 생각해 보고 기록하라.

팁! 누군가(제일 친한 친구, 형제 자매 등) 나와 같은 상황에 처했을 때, 그들의 믿음에 대해 나는 어떻게 생각했을지 객관적으로 생각해 보는 것이 도움이 된다.

편지 친구 또는 새로운 SNS 친구

당신이 한 번도 만나본 적 없는 인터넷상의 친구에게 편지를 쓴다고 가정하고 자신을 소개해 보아라.

아래의 문장을 완성해 보아라(상담사와 같이 해도 좋다).

　나는…

　다른 사람은 나를…

　다른 사람들은…

　관계는…

　세상은…

　미래는…

나의 주요 신념은:

나의 주요 신념에 의해서 이러한 생활방식을 가지고 있다:

활동지
32

Jessica의 공식화

왜 나야?

> • 초기 경험: 친언니가 금쪽같은 자식 역할을 함. 학교에서는 따돌림을 당함. 어머니는 우울하심. 집에서는 감정 표현이 부족하고 말다툼도 없음.

↓

> • 삶에 대한 규칙과 신념(펜팔 활동과 초기 경험을 바탕으로): 나는 부족한 사람이다. 나는 사랑스럽지 않아. 다른 사람의 요구가 우선이야. 사람들이 나와 동의하지 않으면 나를 좋아하지 않는 것이야. 다른 사람들의 의견이 내 의견보다 더 중요해.

왜 지금?

> 나의 문제가 심각해지기 전에 무슨 일이 있었나?
> • 남자친구와 헤어짐.

왜 아직도?

> 현재까지 지속되고 있는 나의 문제는 무엇인가?
> • 밖에 나가는 것을 꺼려함.
> • 다른 사람과 가까이 하지 않음.
> • 다른 사람들에게 내가 지금 어떤 기분인지 말하지 않음.

도움이 되는 것!

> 나에게 도움이 되는 것은 무엇인가?
> • 음악 듣기
> • 친척과 통화하기
> • 친구의 작은 파티에 가려고 스스로 노력해 보는 것
> • 긍정적인 자기 암시와 나의 주요 생각에 대한 도전

나의 여정(공식화)

왜 나야?

- 초기 경험:

↓

- 삶에 대한 규칙과 신념(펜팔 활동과 초기 경험을 바탕으로):

왜 지금?

나의 문제가 심각해지기 전에 무슨 일이 있었나?
-

왜 아직도?

현재까지 지속되고 있는 나의 문제는 무엇인가?
-

도움이 되는 것!

나에게 도움이 되는 것은 무엇인가?
-

Mark의 핵심 신념

이 작품은 쓰레기야!

*이것이 사실이라면 당신에게 어떠한 의미인가요?

나는 쓰레기 같은 작가야.

*이것이 사실이라면 무엇이 그렇게 나쁜가요?

나는 충분하지 않아.

*이것이 사실이라면 당신에게 어떠한 의미인가요?

나는 완전히 실패자야.

Mark의 핵심 신념

Cassie의 핵심 신념

무슨 말을 해야 할지 모르겠어.

*이것이 사실이라면 당신에게 어떠한 의미인가요?

나는 재미없는 사람이야.

*이것이 사실이라면 무엇이 그렇게 나쁜가요?

사람들이 나와 친해진다면 나를 좋아하지 않을 거야.

*이것이 사실이라면 당신에게 어떠한 의미인가요?

그 누구도 나를 사랑하지 않을 거야!

Cassie의 핵심 신념

대처 전략

대처 나무

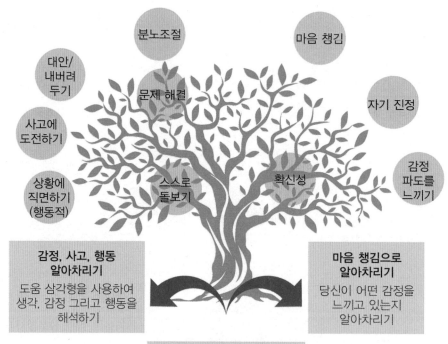

분노조절

마음 챙김

대안/
내버려
두기

문제 해결

자기 진정

사고에
도전하기

상황에
직면하기
(행동적)

스스로
돌보기

확신성

감정
파도를
느끼기

**감정, 사고, 행동
알아차리기**
도움 삼각형을 사용하여
생각, 감정 그리고 행동을
해석하기

**마음 챙김으로
알아차리기**
당신이 어떤 감정을
느끼고 있는지
알아차리기

자기분석
상황에서 한 발짝 물러서
무엇이 내적/외적으로
진행되고 있는지 분별하기

감정에 휩싸임
감정 척도가 5 이상임을
알아차림

문제 해결

귀찮은 상황이나 문제는 일상생활의 일부분을 차지한다. 부모님, 친구들, 이성 친구, 학교생활, 직장 생활은 등 실제 거의 모든 곳에서 때때로 당신의 삶에서 문제를 발생시킨다. 하지만 우리는 보통 우리의 문제를 능숙하게 대처하고 빠르고 성공적으로 그것을 해결할 수 있다.

다른 문제는 더욱 해결하기 어려울 수도 있다. 이것은 다음과 같은 이유 때문일 수 있다.
- 문제가 꽤 자주 발생한다.
- 문제가 지속된 지 꽤 되었다.
- 문제가 너무 크다고 느껴진다(이것은 큰 문제 하나로부터 발생하거나, 또는 많은 작은 문제로부터 일어날 수 있다).
- 내담자가 하는 모든 일에 영향을 미친다.
- 문제가 감정적으로 격앙된 상황에서 일어난다.

때때로 이런 문제가 일어나면 삶은 하나의 큰 걱정거리가 된다. 어떤 때는 당신이 해결해 보려 할 때에도 이것은 상황을 더 악화시키거나, 당신이 원하는 결과를 얻지 못하거나, 당신이 생각한 모든 해결책은 단점을 가지고 있을 수 있다. 따라서 당신은 진퇴양난에 빠진 기분을 느낄 것이다. 문제 해결은 아침 식사 메뉴를 정하는 것처럼 간단할 수도 있고, 어떤 것이 가장 중요한 것인지 결정하는 것, 또는 친한 친구와 말다툼한 후 어떻게 풀어야 할지 결정하는 것만큼 복잡할 수도 있다. 하지만 어떤 상황이더라도 생각조차 하기 싫은 문제일지라도 문제를 회피하지 않고 해결하려고 애쓰는 것이 중요하다. 그렇지 않으면 '완벽한' 해결 방법을 찾아야 한다는 것에 압도될 수 있다.

어떻게 문제를 분류하고 그것을 해결하기(또는 적어도 시도해 보기) 위한 방법을 찾아보고, 배워 보는 것이 우리가 이 모듈에서 할 일이다.

Katy

"어떻게 해야 할지 모르겠어요. 최악이에요! 어제였어요! Shelley랑 같이 버스에서 제 또 다른 친구인 Lennie에 관해 이야기를 하고 있었어요. 나는 그저 Lennie가 괜찮은 친구인 것 같다고만 말했는데! Shelley가 완전히 오해해서 학교에 제가 Lennie를 괜찮게 생각한다고 소문을 냈어요. 학교에 도착했더니 다들 그 이야기를 하고 있는 거예요! Lennie 여자 친구가 나를 째려봐서 때릴까봐 무서웠어요. 다들 나를 비웃고 있어요! 다시는 학교에 갈 수 없어요!"

Jessica

항상 이런 식이야! 아빠의 바보 같은 규칙들에 진절머리가 나요. 집에 같이 살지도 않으면서 엄마한테 항상 이래라저래라 하고! 왜 아빠는 제가 제 인생을 살 수 있도록 절 내버려 두지 않을까요? 이번에 다들 가는 모임이 있는데! 너무 바보 같아요. "학교를 가야 하는 주중"은 듣자하니 너무 늦게 끝날 거 같다고 날 못 가게 해요! 자기가 뭔데! 나한테 언제 신경 썼다고!

1단계: 문제 파악하기

• Katy는 학교에서 그녀의 친구, Lennie 그리고 다른 사람들과의 문제를 어떻게 해결할 것인가?

2단계: 적용 가능한 해결책을 모두 나열하기

1. 다시는 학교에 가지 않는다.
2. Shelley에게 악에 받친 이메일을 보낸다.
3. Lennie의 여자 친구에게 싸움을 건다.
4. Lennie와 키스를 한다.
5. 사람들이 비웃는 것을 무시한다.
6. 집에 가서 울고 진통제를 먹는다.
7. Shelley와 대면하여 오해를 푼다.
8. Lennie와 그의 여자친구에게 실제로는 무슨 상황이었는지 말해 준다.
9. Lennie에게 자신의 말을 전해 달라고 다른 친구들에게 부탁한다.
10. 선생님께 말씀 드린다.

3단계: 가능한 해결책을 각각 고려해 보기

해결책 1	장점	단점
	• 수치심을 느끼지 않아도 된다. • 어쨌든 나도 학교를 좋아하지 않는다.	• 아빠한테 혼난다. • 고등학교 졸업 시험도 못 치고 대학에도 못 간다. • 친구들은 자기들이 이겼다고 생각할 것이고 나는 약자가 되어버린다. • 친구들을 모두 잃게 된다.

4단계: 최선의 해결책을 선택하거나 해결책을 조합해 보기(이것은 단점보다 장점이 더 많을 것이며 또는 당신이 시도 했을 때 행복할 수 있는 대안일 것이다.)

해결책 5: 그들이 나를 이겼다고 느끼는 것이 싫기 때문에 그냥 그들의 비웃음을 무시한다.

해결책 8: Lennie와 그의 여자친구와 만나서 오해를 푸는 것은 쉬운 일은 아니지만, 이 선택지에는 단점보다는 장점이 많다.

5단계: 최선의 해결책을 실행하기 위한 계획 세우기

- 내 생각이 깔끔하게 정리가 되도록 내가 하고 싶은 말을 글로 쓴다.
- Lennie와 그의 여자친구 둘만 만날 수 있는 적절한 시간을 정한다(영어 수업 이후).
- 그들과 싸우려고 하는 것이 아니라 단지 대화하고 싶은 것임을 명백히 한다.
- 나는 오로지 친구로서 Lennie를 좋아하는 것이며 그녀로부터 Lennie를 뺏으려 한 적이 없고, Shelley가 완전히 오해한 상황이라는 것을 설명한다.
- 이후에 내 친구들에게 모든 것을 확실하게 말한다.

6단계: 진행 사항 검토하기

- 어떤 장애물이 있을 수 있을까?
- 그들과 어떻게 이야기를 해야 할까?
- 차선책은 무엇일까?

셋이 만날 수 있는 방법을 찾으려고 매우 노력했는데, 그 둘은 항상 다른 사람들과 몰려다녔고 남들 앞에서 이야기하기 싫어서 이야기를 못했다. 대신 편지를 썼고, 문제가 다 해결이 되었다.

문제 해결

1단계: 문제 파악하기

2단계: 적용 가능한 해결책을 모두 나열하기

3단계: 가능한 해결책을 각각 고려해 보기

해결책 ( )	장점	단점

4단계: 최선의 해결책을 선택하거나 해결책을 조합해 보기(이것은 단점보다 장점이 더 많을 것이며 또는 당신이 시도 했을 때 행복할 수 있는 대안일 것이다.)

```



```

5단계: 최선의 해결책을 실행하기 위한 계획 세우기

```



```

6단계: 진행 사항 검토하기
- 어떤 장애물이 있을 수 있을까?
- 그들과 어떻게 이야기를 해야 할까?
- 차선책은 무엇일까?

```



```

자기 주장 말하기

당신이 실제로 느끼는 것을 말하면서 당신이 원하는 것에 대해 협상하기

남에게 맞춰주기 위해서 하기 싫은 일을 억지로 해 놓고서는 나중에 그 사람을 원망하지는 않는가?

누군가에게 특히 친구에게 '아니'라고 말하는 것은 언제나 쉬운 일이 아니다. 그리고 당신이 그들과 잘 어울리고 다르지 않기를 바랄 때 이것은 특히나 어려울 수 있다. 당신은 당신이 정말로 느끼는 것을 말한다면 사람들이 당신을 좋아하지 않을까봐 걱정할지도 모른다. 사랑을 받지 않게 된다는 생각은 꽤나 끔찍하다. 그래서 당신은 당신이 정말로 하고 싶지 않은 것, 예를 들어 사람들에게 당신의 개인적인 자세한 일을 말하는 것, 마약을 하는 것, 학교를 빠지는 것, 혹은 당신이 가고 싶지 않은 파티나 클럽에 가도록 스스로를 압박할 수도 있다.

그러나 늘 남들 뜻대로 끌려 다니거나 그들을 기쁘게 하려고 애쓰는 것에 대해 생각해 보자면, 이는 자기 자신에 대한 감정이 악화되거나 사람들로부터 존경받지 못하게 될 수도 있다.

자신의 권리를 주장한다는 것은 '아니오'라고 말하거나 다른 이와 의견이 다를 때 나의 의견을 전달하는 것 등을 의미한다. 거절하는 방법에는 여러 가지가 있다.

예를 들어, 다른 사람에게 소리치거나 위협을 가하는 등, 공격적인 방법이 사용될 수 있지만, 이 방법은 그다지 효율적이지 않다. 왜냐하면 이것은 단지 타인을 화나게 하고 논쟁으로 이끌기 때문이다. 대안적으로 이것은 적극적인 방식으로 행해질 수 있는데, 이것은 당신이 스스로를 지지하지만, 타인의 기분과 바람, 또한 잘 챙기려고 노력하는 것을 의미한다. 이 방법은 꽤 효과적일 수 있지만, 많은 청소년 내담자는 이것이 정말 어렵다는 것을 안다(그리고 많은 어른들도 그렇다).

Cassie의 예를 보아라.

 나에겐 힘든 결정이었지만 친구의 파티에 갔어요. 그런데 친구가 또 다른 파티에 가자고 했어요. 나는 가기가 싫었어요. 너무 취했고 우울해서 그냥 집에 가고 싶었어요.

'타인들을 기쁘게 하기'의 결과	'공격적인 방법'의 결과	'자기 주장 말하기'의 결과
전 결국 가게 됐고, 너무 싫었어요! 새 아빠보고 데리러 오라고 해야 되는 상황이어서 혼나기도 했고요. 제 자신이 너무 쓰레기처럼 느껴져서 집에 가서 팔을 진짜 심하게 그었어요. 그냥 하고 싶은 대로 할 걸 그랬어요.	내가 파티에 온 것에 대해서 아무도 고마워하지 않고 혼자 집에 가겠다고 하니까 저보고 이기적이라고 하더라고요. 저는 화가 나서 친구들에게 욕을 했어요. 그들이 가려고 하자 제가 병을 던졌어요. 이웃집에 사는 사람이 경찰에 신고했고 이제 친구를 모두 잃은 것 같아요.	정말 가기 싫었기 때문에 피곤하고 충분히 놀았다고 말했어요. 그들은 실망을 했고 저를 설득하려고 했지만 저는 뜻을 굽히지 않았어요. 결국 제 친구 Shally도 피곤하다면서 저와 함께 집에 가겠다고 했어요. 집에 같이 가면서 수다도 떨고 좋았어요.

당신이 만족할 만큼 자기 주장적이지 않았던 사례가 있는가? 아마도 당신은 '사람들을 기쁘게 하는 자', 혹은 공격적인 사람이진 않은가?

그 후에 무슨 일이 일어났나? 당신은 어떤 감정을 느꼈나? 당신은 무엇을 했나?

당신은 무엇을 하거나 말하고 싶었나?

그들 스스로를 지지할 수 있도록 하는 것에 대해 당신이 존경할 만한 누군가를 생각해 보아라 (예를 들어, 친구, 가족, 유명 인사 혹은 텔레비전 속 인물).

그들은 어떻게 반응할 것인가?

당신은 어떻게 자기 주장적인 사람이 되는가?

준비

내가 말하고 싶은 것

타인이나 타인의 행동에 집중하기 보다는 당신에게 중요한 상황이나 문제를 기술하라. 할 수 있는 만큼 구체적으로 해 보아라.

예를 들어,

'나는 너희들이 모두 다른 파티에 가고 싶어 하는 것을 알 수 있다.'

내 감정

당신이 그 상황 혹은 문제에 대해 어떻게 느끼는지 말하라.

예를 들어,

'나는 내가 너와 함께 그 파티에 갈 수 없을 것이란 것이 유감스럽다.'

내 요구

당신이 무엇이 원하는지를 말하고 당신의 요구를 존중해 달라고 말해라.

예를 들어,

'나는 집에 가서 잠을 자고 싶다.'

결과

당신 스스로에 대해 자기 주장을 하고 행동하는 방식은 당신과 타인을 위한 상황을 개선할 것이다.

예를 들어,

'만약 너희들 모두 파티에 가고 난 집에 간다면, 우리 모두는 더 행복할 것이다.'

시도할 몇 가지 전략!!

깨진 레코드	대본 쓰기	무시하기
당신이 당신의 총을 가지고 있기를 원할 때, 박혀 있었던 오래 된 레코드판이나 흠집이 나 있는 CD를 상상해 보고, '아니'라고 말하는 거나, 혹은 계속해서 자신의 의견을 표현해 보아라. 다른 사람들인 무엇을 말하거나 행동해도 그냥 똑같은 것을 반복하라.	미리 당신이 말하고 싶은 것을 쓰고 '리허설'해 보아라.	만약 당신이 (어떤식으로든) 압박감을 느끼고 있다면, 다른 사람이 말한 것 혹은 행동한 것을 무시해 보아라. 이것은 하기에 아주 어렵지만, 강한 메시지를 전달해줄 것이다.

착하게 행동하기	얻기 위해 주어라	형세를 뒤엎기
당신이 그렇게 느끼지 않더라도, 자신감 있게 행동하는 것에 집중하라! 당신이 존경하는 친구, 혹은 누군가는 이 상황에서 어떻게 있을지 상상하고 그들처럼 '침착하게' 행동하라.	종종 당신은 '얻기 위해 주어야 한다!' 당신이 원하는 것을 잊지 않고 다른 사람을 부분적으로 만족시킬 방법을 찾아보아라. 당신의 '아니'를 유지하면서, 당신이 줄 수 있는 어떤 것이 있는지 보라. 아마도 성취될 수 있는 것에 대한 당신의 요구를 줄여야 할 것이다.	다른 사람에게 문제를 돌려라! 그들에게 당신이 같이 할 수 있는 것을 요구하라. 하지만 당신이 함께 하는 것이 행복하지 않다고, 예를 들어, '나는 너가 내가 그렇게 하기를 원한다 하더라도 알겠다고 말할 수 없어. 우리 어떻게 하지?'라고 말하라.

당신은 어떻게 자기 주장적인 사람이 되는가?

자기 주장하는 사람이 되는 것은 언제나 쉽지 않다. 가장 좋은 방법은 연습을 통해 자신감을 키우는 것이다.

당신의 매일의 삶 속에서 자기 주장하는 것을 연습할 만한 어떤 상황을 생각할 수 있는가? 작은 것부터 시작하는 것이 더 쉬울 수 있다는 것을 기억하라!

만약 바로 떠오르는 것이 없다면 여기 몇 가지 예시들이 있다.

- 가게에 가서 물건이 어디에 있는지 물어라(예를 들어, 가게에서 샴푸가 어디 있는지 물어보아라).
- 지인과 이야기하는 동안 대화 주제를 당신이 원하는 화제로 돌려 보아라.
- 패스트푸드점에서 주문할 때 소스를 빼 달라고 하거나 토핑을 바꿔 달라고 요청하라.
- 친구와 외식할 때 점원에게 계산서를 달라고 하라.
- 헬스장에 전화해서 수업을 듣고 결제는 따로 해도 되냐고 물어보아라.
- 친구를 쇼핑이나 영화 관람에 초대하라.
- 가게에 들어가서 버스에 타기 위한 잔돈을 바꿔 달라고 요청하라.
- 친구에게 부탁을 들어달라고 하라
- 누군가의 의견에 반대하라(예를 들어, 'EastEnders'라는 영화가 싫다고 해 보아라).
- 식당에서 음식이 너무 차거나 양이 너무 적다는 이유로 되돌려 주어라.
- 누군가가 나를 칭찬할 때 "감사합니다"라고 말하며 그 칭찬을 받아라.

Cassie가 자기 주장 말하기 전략을 사용했을 때 일어난 사항

 친구가 영어 수업을 빠지자고 했어요. 친구가 숙제를 안 했거든요. 친구가 그것 때문에 걱정을 많이 하고 있었고 저는 친구를 실망시키고 싶지 않았어요. 그런데 한편으로는 영어 수업은 제가 제일 좋아하는 수업이고 지금 그 수업에서 시를 쓰고 있는데, 그 수업을 제가 지금 유일하게 흥미를 가지고 듣고 있기 때문에 빠지고 싶지 않았어요. 친구는 제가 수업에 가면 자기도 가야 하기 때문에 제가 이기적이라고 했어요. 그래서 저는 고장 난 CD 기법을 이용해서 친구에게 "네가 숙제 때문에 걱정하는 건 알지만 수업에 빠질 수는 없다"고 했어요. 친구가 계속 저를 설득하려고 했지만 저는 계속 "나는 영어 수업이 좋아. 빠지지 않을 거야"라는 말만 되풀이했어요. 말을 할수록 강해지는 느낌이었어요! 시간이 지나니까 친구도 그 말을 받아들였고 숙제를 못한 이유로 어떤 핑계를 대는 것이 좋을지 친구와 함께 고민해 봤어요.

내가 자기 주장 말하기 연습을 할 상황

내가 시도할 전략

나는 어떻게 했는가?

BEST 기술

당신의 목표를 효과적으로 달성하기 위한 지침:
당신이 원하는 것을 얻어라(가능한 합당한 것으로!)

Be clear
    분명하게 말하라

Express your feelings
    당신의 감정을 표현하라

Say what you want
    당신이 원하는 것을 말하라

Try to negotiate
    타협점을 찾아라

- 분명하게 당신이 처한 상황을 설명하라. 사실에 기반하여 다른 사람에게 당신이 말할 필요가 있는 일이나 경험에 대한 분명한 설명을 해 주어라. 타인의 의도에 대한 판단이나 가정을 포함하지 말아라.
- 당신의 감정을 표현하라. 그 상황으로 인해 촉발된 감정에 대해 간결하고 비난조가 아닌 설명을 하라. '당신이 나를 …하게 느끼도록 만들었다.' 보다는, '나는 …하게 느낀다.' 혹은 '이것이 나를 …하게 느끼도록 한다.'라는 문장으로 시작하라.
- 당신의 주장을 굳게 지키고 위협을 무시하면서 자신감 있고 분명하게 당신이 원하는 것을 말하라. 태도나 성격 혹은 신념이 아닌, 행동을 변화하도록 요구하라. 한번에 하나의 변화만 요구하고 지금 변화될 수 있는 것만 요구하라. 구체적으로, 만약 그들이 당신이 원하는 것을 하는 것을 좋아한다면, 여기서 멈춰라. 만약 그렇지 않다면 협상을 시도하라.
- 협상을 시도하라.
  - 타인에게 대안적인 해결책을 물어보고 문제를 그에게 돌림으로써 형세를 뒤엎어라. 예를 들어, '당신은 우리가 어떻게 해야 한다고 생각합니까?', 혹은 '우리가 어떻게 이 문제를 해결할 수 있을까요?'라고 물어라.
  - 기꺼이 주고 받아라. '아니'를 고수하지만 문제를 해결할 수 있는 다른 방식을 제공하여라. 효과적일 것에 집중하라.
  - 결과를 설명함으로써 보상을 통해 타인에게 동기를 부여하라. 당신이 원하는 것, 혹은 필요한 것을 얻는 것에 대한 긍정적인 효과를 말하라. 당신이 원하는 것을 하거나 수용하는 것에 대해 미리 좋은 기분을 느끼도록 도와라. 그 후에 그 사람에게 보상을 주어라.
- 좋은 협상 기술들은 우리가 원하는 것을 얻는 데 있어서 매우 효과적이다.

나의 분노 척도

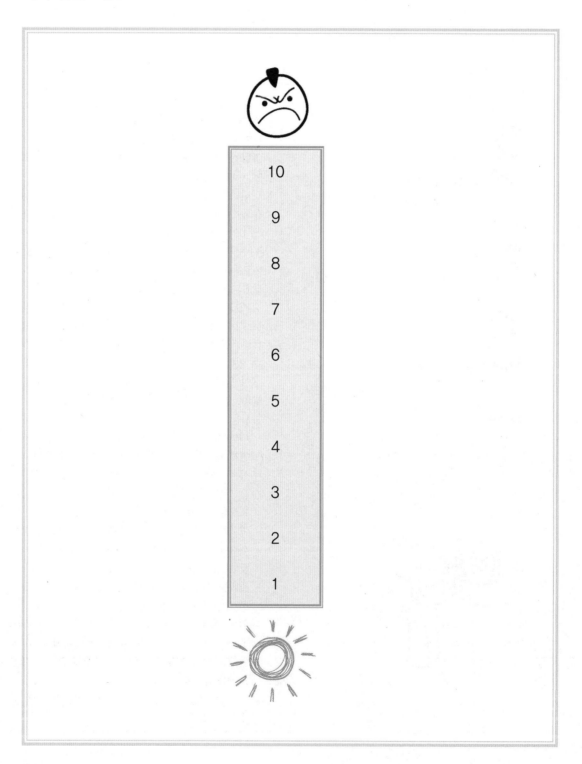

당신의 사고에 도전하기 위한 도움

종종 당신이 당신 스스로를 설명하기 위해 사용하는 단어도 자기 비판적인 생각일 수 있다.

아래의 상자 안에 당신의 자기 비판적인 생각을 써라.

당신의 생각에 도전하는 작업을 했을 때를 돌이켜 생각해 보아라.

그들을 확인하고 대안을 찾기 위해 '활동지 30: 자기 자신에게 도전해 보기'를 사용하라.

당신 스스로에 대한 당신의 비판적인 생각에 도전하는 세 가지의 대안적 사고, 혹은 이전에 연습했던 긍정적인 단어를 선택하고 그것을 왼쪽 상자에 써라.

	다음주 동안 당신의 새로운 생각을 지지해 줄 근거를 찾아라.	
	이것은 당신이 하는 것일 수도 있고, 혹은 누군가 당신에게 말해 준 것일 수도 있다.	
	오른쪽 상자에 당신의 근거를 써라.	

자기 비판적인 생각

사랑스럽지 않다, 감정 기복이 심하다, 뚱뚱하다.

Jessica는 자신의 생각 기록지를 살펴보면서 그녀의 NATs인 감정 기복에 도전할 만한 생각과 뒷받침하는 생각을 생각해 냈다. 그녀는 몇 가지 대안을 적고, 다음 한 주 동안 이에 대한 근거를 수집했다.

- 나는 감정기복이 있지만 모두가 그래. 그리고 기쁠 때도 많아.
- 내 감정을 보일 수 있다는 것은 좋은 거야.
- 내가 감정 기복이 심해서 기분이 안 좋을 때, 내가 진짜로 그렇게 이해하는지 점검해야겠어.

- 내 친구 Sonia는 나처럼 되고 싶다고 말했어. 그리고 사람들이 그녀가 기분이 안 좋다는 것을 눈치 채게 내버려 두고, 그런 날은 억지로 괜찮은 척 하지 않아.
- 내 동료는 나와 함께 하는 것이 즐겁다고 말했어. 나는 그날 내가 꽤 우울했다고 생각했는데!

나의 두려움 사다리 마주하기

파도 타기

마치 당신이 느끼는 것이 파도처럼 당신을 쓸어갈 것처럼 느껴지면,

그냥 가만히 머물러 있어라.

그 감정이 이 강도에서 영원히 머물러 있지 않을 것이란 것을 기억해라.

이것은 지나갈 것이다.

당신은 그저 그것을 타라!

그래서 계속 하라! 당신의 서핑보드에 올라 타고 파도를 타라!

내가 파도 타기를 하기 위해 무엇이 필요한가?

마음 챙김

이전에 우리는 우리가 경험하는 다양한 범위의 감정을 살펴보았고, 종종 우리가 특정한 것을 느끼지 말아야 한다고 생각하는 것일지라도 어떻게 우리의 감정이 가끔씩 도움이 될 수 있는지에 관해서도 이야기해 왔다.

마음 챙김은 의도적으로, 현재의 순간에 그리고 비판단적으로, 특정한 방식으로 주의를 기울이는 것을 의미한다. 이것은 당신의 생각과 감정을 멈추려고 하지 않고 알아차리고 수용하는 것을 의미할 수 있다.

우리는 우리 안에 어떤 마음의 틀을 가지고 있는지에 따라 어떤 것을 보고 행동하는 데 있어 다른 방식을 가지고 있다. 이러한 다양한 마음을 보는 방식 중 하나는 마음을 세 가지로 나누는 것이다. 우리의 '현명한 마음', 우리의 '감정적인 마음' 그리고 우리의 '합리적인 마음'이다.

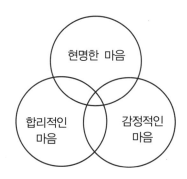

우리가 '감정적인 마음' 상태일 때, 우리는 우리의 감정에 이끌린다! 무엇에 대해 이성적으로 생각하기란 거의 불가능하다. 왜냐하면 우리는 우리의 감정을 바탕으로 행동하고, 어떤 것에 과잉 반응할지도 모르기 때문이다. 이것은 당신이 '똑바로 생각할 수 없을 때'이다.

우리가 '합리적인 마음' 상태에 있을 때, 우리는 논리적으로 생각할 수 있다. 침착하고 감정적이지 않은 방식으로 어떤 것에 접근할 수 있다(예를 들어, 어떤 것을 수정하는 것). 이것은 '똑바로 생각할 때'이다.

우리가 '현명한 마음' 상태에 있을 때, 우리는 합리적인 마음과 감정적인 마음 둘의 이점을 취하고, 그에 더해서 '직감'을 추가한다! 그래서 우리는 우리의 감정을 인식하고 이성적으로 생각할 수 있다. 당신은 바르게 느끼고 생각할 수 있고, 당신에게 가장 좋은 결정에 대한 느낌을 가질 수 있다. 당신의 행동과 감정을 더 나아지게 하는 데 있어 당신에게 조금 더 도움이 되는 결정을 하도록 돕는다(예를 들어, 파도를 타거나, 자기 위로를 하거나 산만한 것 등).

마음 챙김은 현명한 마음을 얻기 위해 합리적인 마음과 감정적인 마음이 균형을 이루는 것에 관한 것이다. 우리는 감정이 필요하지만, 그것이 과해지는 것을 원하지 않는다! 만약 극심한 감정이 일어난다면, 감정적인 마음을 의심하라. 시간을 가져라. 만약 당신이 여전히 어떤 것에 대해 확신한다면, 특히 당신이 진정되어 있고 안정된 느낌을 느낄 때, 현명한 마음을 의심하라.

Mark는 침실에 혼자 있다. 그는 정말 나쁜 하루를 보냈고 아빠와 말다툼을 했다. 그는 속으로 화가 나고 우울함을 느끼고 있다. 그는 우울한 락 음악을 듣고 있고 면도칼을 들고 팔을 그으려고 한다.

Mark는 어떤 마음 상태에 있는가?

Mark는 아버지와의 말다툼에 대해 생각하기 시작한다. 그는 조금씩 돌이켜 보고, 어떻게 말다툼이 아무 근거 없이 진행되었는지 생각해 보기 시작한다.

Mark는 지금 어떤 마음 상태에 있는가?

Mark는 그가 분노와 우울을 느끼고 있다는 것을 알고 있고 말다툼과 학교에서의 나쁜 하루가 어떻게 그를 이렇게 느끼도록 이끌었는지 볼 수 있다. 그는 지금 다음에 무엇을 할지 결정하는 자리에 있다.

Mark가 현명한 마음 상태로 갈 수 있다는 것을 상상해 보아라. 무슨 일이 일어날 수 있는가?

현명한 마음이 되는 방법

마음을 통제하는 것을 배우고, 당신의 마음이 당신을 통제하게 두지 않는다!

당신이 현명한 마음 안에 있을 때, 당신은 무엇이 일어나고 있는지, 어떤 감정을 느끼는지, 무엇을 생각하고 경험하고 있는지를 알아차린다. **현명한 마음**으로 들어가기 위해서 그리고 당신이 기분이 좋을 때 타당한 결정을 내릴 수 있기 위해서 당신은 바로 그 순간에 무엇이 일어나고 있는지를 알아야 한다. 당신은 대부분 '멈춤 버튼'을 누를 필요가 있고 당신이 경험하고, 느끼고, 생각하고 있는 모든 것을 자세하게 인지할 필요가 있다. 이것은 당신이 스스로에게 한 발짝 더 다가가는 것 그리고 바꾸려고 하지 않고 진행되는 모든 것을 관찰하는 것과 같다.

현명한 마음을 가지는 것은 사람들이 기분이 좋을 때 더 쉽고, 그렇지 않을 때 더 어렵다.

1단계 – 관찰하기

이것은 경험을 기술하거나 명명하지 않고 지각하거나 경험하는 것이다. 이것은 무엇을 인식하고 주의를 기울이는 것이다.

> *지금* 당신의 머릿속에서 당신을 위해 일어나고 있는 것을 생각해 보아라.
> 이 순간이 얼어붙는 것을 상상해 보아라.

이제 트릭은 알아차림을 유지하는 것이다. 당신의 현명한 마음을 유지해 보자.

자연스럽게 우리는 고통스러운 감정을 멈추거나 우리가 좋아하는 감정을 잡고만 있으려고 시도해 본다. 당신의 알아차림을 바꾸려고 하지 말고 그저 유지하려고 노력하라.

● 도와줄 수 있는 열쇠

당신에게 일어나는 일을 판단하려고 하지 말아라. 이것은 좋은 것도 나쁜 것도 아니다. 그저 일어나게 두어라.

그 순간 하나에 집중하라. 걱정, 생각 혹은 혼란이 머릿속에 떠오른다면, 그저 그들이 떠다니게 두고 당신의 주의를 집중하는 곳으로 돌려라.

2단계 – 기술하기

이것은 당신이 관찰한 것을 표현하기 위해 사용하는 단어이다.

> *지금* 당신을 위해 당신의 머릿속에서 일어나고 있는 것을 생각한 후에, 일어나고 있는 것을 할 수 있는 만큼 자세하게 기술하라.

숙제

이러한 연습들은 매우 어렵다. 모두 현명한 마음을 가지고 있지만 몇몇 사람들은 이것이 거의 없거나 아예 없는 것을 경험한다. 그리고 아무도 언제나 현명한 마음 상태에 있지는 않는다. 이것은 많은 연습을 요한다.

아래에 당신이 시도해 볼 수 있는 몇 가지 제안이 있다.

다음 몇 주 동안, 당신이 현명한 마음으로 갈 수 있는지 보아라. 당신이 하고 있는 것을 멈추지 말아라. 그저 어떻게 당신이 그것을 하고 있고 무엇을 느끼고 있는지 알아차려라! 그것을 유지하라. 그저 당신을 위해 일어나고 있는 것을 마음 챙김하라.

관찰하기

차가운 표면에 손을 올려 경험하라. 예를 들어, 탁자 혹은 의자.

당신의 윗입술 바로 위를 쓰다듬어라. 그런 다음 당신이 더 이상 윗입술을 느낄 수 없기 전에 멈추고 얼마나 오래 걸리는지 알아보아라.

당신의 마음속에서 나오는 처음 두 가지 생각을 '보라'.

당신의 마음이 컨베이어 벨트라고 상상하라. 그리고 그 생각, 혹은 감정이 벨트 아래로 내려오고 있다. 각각의 생각, 혹은 감정을 벨트 가까이에 있는 상자에 넣어라.

무엇이 일어나든 괜찮다. 당신 자신의 안으로 '되돌아가서' 관찰하라.

생각을 관찰하고 그것을 생각으로 이름 붙여라. 어쩌면 그것을 범주 안에 넣을 수도 있다. 예를 들어, 나에 대한 생각, 타인에 대한 생각 등.

아침 식사를 하고 당신이 경험하는 감각과 감정을 그저 관찰하라.

음악을 듣고 당신이 생각하고 느끼는 것을 관찰하라.

기술하기

마음에 떠오르는 것 무엇이든 기술하고 적으려고 노력하라. 위의 예시나 당신 것 중 다른 몇 가지를 사용하라.

만약 당신이 논쟁거리가 있다면, 마음 챙김하고 관찰하려 노력한 다음 당신이 본 것과 느낀 것을 단어로 적어 표현하라.

만약 재미있는 것이 나타났다면, 마음 챙김 할 수 있는 mental note를 만들고 그 후에 당신이 관찰한 것을 적어라.

자기 진정

여기 당신이 스트레스를 받을 때 스스로를 위로하는 몇 가지 방법들이 있다.
당신이 좋아하는 것을 표시하거나 추가하고 싶은 것을 추가하라.

당신이 보는 것

스스에게 예쁜 꽃을 선물해 주어라.

미술관을 가거나 인터넷으로 그림을 보라.

책이나 잡지에서 좋은 사진을 보라.

밤하늘의 별을 보라.

발레나 춤 공연을 보라.

차 빛을 비추고 불꽃을 보라.

손톱관리를 해서 예뻐지게 하라.

당신이 듣는 것

부드럽거나 안정되는 음악을 들어라.

혹은 시끄러운 음악을 들어라.

악기를 연주하라.

당신이 가장 좋아하는 노래를 불러라.

공원에서 새소리 등을 들어라.

당신 주위의 소음을 알아차려라. 하지만 그저 그것을 떠다니게 하라.

당신이 냄새 맡는 것

향초에 불을 밝혀라.

아로마 오일을 사라.

당신이 가장 좋아하는 향수나 향을 사용하라.

공원이나 숲에 가서 자연 냄새를 맡아라.

쿠키, 케이크 혹은 빵을 구워라.

당신이 맛보는 것

핫초코나 허브차를 마셔라.

아이스크림을 먹어라.

가장 좋아하는 음식을 먹어라.

당신이 가장 좋아하는 껌을 씹어라.

당신이 가장 좋아하는 사탕들을 사라.

당신이 만지는 것

고양이 · 개 · 햄스터를 쓰다듬어라.

거품 목욕을 하라.

정말 편한 소파에 앉아라.

부드러운 쿠션을 끌어 안아라.

당신의 머리를 오랫동안 빗어라.

누군가를 안아라.

내가 무엇을 할 수 있을까?

여기 자해를 하기보다 당신이 할 수 있는 다른 것에 대한 몇 가지 제안이 있다. 그것을 읽고 과거에 당신에게 효과가 있었던 것이나 당신이 시도하고 싶은 것을 똑딱거리게 하라.

몸을 칼로 긋지 말고 빨간 수성펜을 사용하라.

종이에 당신의 부정적인 생각을 적고 그것을 안전한 곳에 놓거나 찢어버려라.

당신의 호흡에 집중하라. 깊고, 깨끗하고, 안정적인 호흡을 사용하라.

당신에게 스스로를 상처 입히지 않는 허가증을 주어라.

얼음 덩어리를 당신의 피부에 대고 붙이거나 얼음이 담긴 싱크대에 손을 넣어라.

이전 사진을 보라.

다섯 가지 모든 감각을 경험하면서 당신의 환경을 알아차려라.

당신이 상처내고 싶은 부위를 마사지하라.

사진이나 그림을 보라.

많은 소음을 만들어라! 소리치거나, 외치거나, 드럼이나 주전자와 프라이팬을 치거나 울어라.

수첩에 당신의 생각과 감정을 적어라.

빨간펜으로 큰 종이에 갈겨 써라.

손목에 신축성 있는 밴드를 착용하고 손목에 대고 튕겨라.

뜨거운 것 혹은 강하게 맛이 나는 것을 먹어라.

친구를 불러라.

재미있는 영화를 봐라.

따뜻한 거품 목욕이나 샤워를 하거나 혹은 찬물 샤워를 하라.

콩주머니를 던져라.

책을 읽어라.

베개에 소리 질러라.

컬러링 북을 색칠해라.

비디오를 봐라.

블록이나 레고로 무언가를 세우고 차서 넘어뜨려라.

물풍선을 던져라.

공공장소에 있어라.

압도하는 감정을 표현하고 대처할 다른 길이 있다는 것을 스스로에게 상기시켜라.

악기를 연주하라.

당신의 집, 당신의 마음속에 안전하고 상처가 없는 곳을 만들고 그곳으로 가라.

지금 당장 기억을 생각하지 않는 허가증을 스스로에게 주어라.

감정 온도계에 당신의 감정을 표시하라. 당신의 알람을 15분 동안 설정하고 끝나면 다시 평가하라. 당신이 여전히 스스로를 상처 입히길 원하는지 보라.

벽을 밀거나 큰 나무를 안아라.

동물을 다독여라.

맥박을 짚어라.

당신이 힘들 때 사용할 수 있도록 당신과 테이프를 만드는 것에 대해 당신의 상담자에게 요청하라.

익숙한 곳을 산책하거나 달리기를 하라.

방을 청소하라. 방 환경을 바꿔라.

종이에 당신이 자해하고 싶다는 것을 적고 서랍에 넣어라. 방을 나가서 다시 돌아오기 전에 5분간 다른 것을 하라. 그리고 나서 만약 당신이 여전히 자해를 하고 싶다면 또 다른 메시지를 써라.

운동하라. 수영하러 가라.

당신에게 효과가 있었던 대안을 상자에 적어라. 당신에게 당신만의 방법이 있을 수 있다.

"가끔씩 나는 내가 어떻게 느끼는지 책에 그림을 그린다. 그 그림은 꽤 소름끼치지만, 나는 누구에게도 보여 주지 않는다. 그것들은 그저 나를 위한 것이다."

활동지 제4장

시 작!

안전하게 머물기

미래에 대해 생각하고 당신이 다시 자해하게 할 수 있는 사건, 사람의 반응, 감정 그리고 생각에 대한 목록을 적어라.

1.

2.

3.

4.

5.

6.

7.

8.

9.

10.

11.

12.

13.

14.

15.

나의 인생 계획

다음주, 다음 달 등을 위한 당신의 개인적인 목표는 무엇인가? 당신 삶의 모든 다양한 부분 속의 목표를 생각하고 가능한 한 많은 상자에 채워 넣어 보아라.

	다이어트	관계/친구	취미	학교/대학/직장	생활 방식	가족
1주일						
1달						
2~6달						
6~12달						
1~2년						

활동지
50

구급 상자와 도구함

미래의 위기를 위한 구급 상자
미래의 위기가 왔을 때 당신을 도와줄 다양한 것을 구급상자의 빈 공간에 써 넣어라.

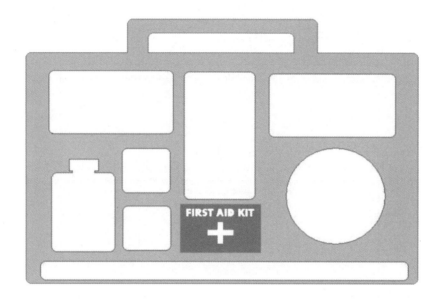

잘 지내기 도구함
당신이 잘 지내기 위해 사용할 기술을 도구함의 빈 공간에 써 넣어라.

나의 길

다음 12달 동안 내가 기대하고 있는 것들

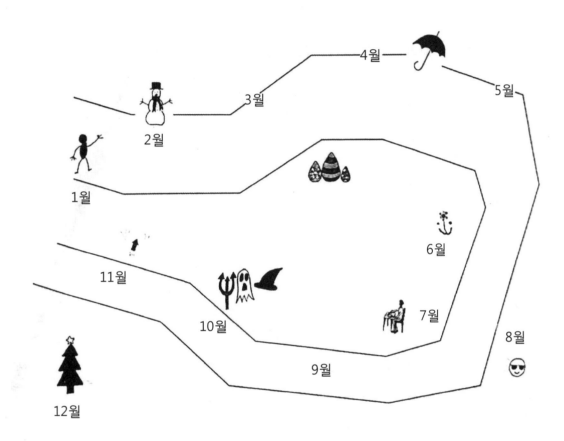

이 증서는 다음을 인정합니다.

_____

자해 프로그램을 성공적으로 마쳤습니다.

특별한 성과는 다음과 같습니다.

1. _____

2. _____

3. _____

서명 _____

날짜 _____

참고문헌

Chris Lehman (2011) News article. December. www.youngminds.org.uk.

Rollnick, S. and Miller, W.R. (1995) What is motivational interviewing? Behavioural and Cognitive Psychotherapy 23, 325-334.

Harper, D. and Moss, D. (2003) A different kind of chemistry? Reformulating 'formation'. Clinical Psychotherapy 25, 6-10.

Beck, A.T. (1967) Depression: Clinical, Experimental, and Theoretical Aspects. New York: Harper & Row; Beck, A.T., Rush, A.J., Shaw, B.F. and Emery, G. (1979) Cognitive Therapy of Depression. New York: Guilford Publications.

Butler, G., Fennell, M. and Hackmann, A. (2008) Cognitive-Behavioral Therapy for Anxiety Disorders: Mastering Clinical Challenges.New York: Guilford press.

Taylor, Y.M.W., Oldershaw, A., Richards, C., Davidson, K., Schmidt, U. and Simic, M. (2011) Development and pilot evaluation of a manualized cognitive-behavioral treatment package for adolescent self-harm. Behavioural and Cognitive Psychotherapy 39(5), 619-625.

Chorpita, B.F., Yim, L.M., Moffitt, C.E., Umemoto L.A. and Francis, S.E. (2000) Assessment of symptoms of DSM-IV anxiety and depression in children: a revised Child Anxiety and Depression Scale. Behaviour, Research and Therapy 38, 835-855.

Goodman, R. (1997) The Strengths and Difficulties Questionnaire: a research note. Journal of Child Psychology and Psychiatry 38, 581-586.

Miller, S.D., Duncan, B.L., Brown, J., Sparks, J.A., and Claud, D.A. (2003) The Outcome Rating Scale: a preliminary study of the reliability, validity, and feasibility of a brief visual analog measure. Journal of Brief Therapy 2(2), 139-143.

Costello, E.J. and Angold, A. (1988) Scales to assess child and adolescent depression: checklists, screens, and nets. Journal of the American Academy of Child and Adolescent Psychiatry 27, 726-737.

Rosenberg, M. (1965) Society and the Adolescent Self-image. Princeton, NJ: Princeton University Press.

Muris, P., Merckelbach, H., Gadet, B., Moulaert, W. and Tierney S. (1999) Sensitivity for treatment effects of the screen for child anxiety related emotional disorders. Journal of Psychopathology and Behavioral Assessment 21(4), 323-335.

Miller, A.L., Rathus J.H. and Linehan, M,L. (2006) Dialectical Behavior Therapy for Suicidal Adolescents. New York: Guilford Publications.

주요 용어 목록

(ㄱ)
가상 고객/내담자(virtual clients/patients)
가정(assumptions)
가족(family)
감각(senses)
감정 기복(moodiness)
감정 일기(emotions diary)
감정 척도(feelings scale)
감정 칵테일(feeling cocktail)
감정(emotions, feelings)
'감정은 우리의 친구' 활동지('Feelings are our friends' exercise)
감정적인 마음(emotional mind)
강점(strengths)
개정된 아동용 불안과 우울 척도(RCADS)
개정된 아동용 불안과 우울 척도(RCADS, Revised Children's Anxiety and Depression Scale)
걱정(worry)
건강한 생활(healthy living)
검토(reviewing)
검토하기(reviewing)
공식화(formulation)
과다복용(overdoses)
과잉 일반화(over-generalising)
과제(homework)
관계 지도(relationship map)
관계 형성(connections, making)
관계(relationships)
관계와 강점(relationships and strengths)
관리 방법으로서의 자해(self-harm as way of managing)
관찰하기(observing)
구급 상자(first-aid kit)
굳히기 활동(consolidation exercises)
균형잡기(balancing)
균형잡힌 사고(balanced thinking)
근거(evidence)

기능적 분석(functional analysis)
기분 및 감정 설문지(Mood and Feelings Questionnaire)
기분(mood)
'깨신 레코드' 기술('broken record' technique)

(ㄴ)
'나의 길' 활동지('my path' exercise)
나의 두려움 사다리 마주하기(facing my fears ladder)

(ㄷ)
다른 이들의 관점(other people's view of)
당신의 감정 알기(getting to know your feelings)
당신의 감정 표현하기(expressing your)
당황(embarrassment)
대인관계 기술(interpersonal skills)
대처 나무(coping tree)
대처 전략(coping strategies)
도구함(toolbox)
도움 삼각형(the help triangle)
도전적 사고(challenging thoughts)
도전하기(challenging)
동기(motivation)
두려움(fear)
두려움에 직면하기(facing fears)
두려움을 유발하는 자극 노출(exposure to feared stimuli)

(ㅁ)
마음 상태(states of mind)
마음 챙김 활동(mindfulness exercises)
마음 챙김(being mindful)
목표(goals)
묘사 활동(describing exercise)
묘사하기(describing)
무력감(hopelessness)

문제 해결 능력 부족(low problem-solving ability)
문제 해결(problem-solving)
문제(problems)
문제들을 확인하기(triggers, identifying)
문제와 목표(problems and goals)
문제-해결 능력에 영향을 주는(impact on problem-solving ability)
미래를 생각하는 활동(forward thinking exercise)
미래에 대해 생각하기(future, thinking about the)

(ㅂ)
베기(cutting)
변증법적 행동 치료(DBT, Dialectical Behaviour Therapy)
변화 준비(readiness for change)
변화-기반 전략(change-based coping strategies)
보상 체계(reward systems)
보호 요인(protective factors)
부모님(parents)
분노 조절(anger management)
분노 척도(anger scale)
분노(anger)
불안 줄이기(anxiety reduction)
불안(anxiety)
비밀보장(confidentiality)

(ㅅ)
사고 편향/왜곡(thinking biases/distortions)
사고(thoughts)
사고에 도전하기(thought-challenging)
사랑받을 수 없음(unlovability)
삶의 규칙(rules for living)
상황에 직면하기(facing the situation)
생각 기록지(thought record)
설정(setting)
성취 활동(achievement activities)
성취(achieving)
소개하기(introducing)
속단(jumping to conclusions)
수용 기반 대처 전략(acceptance-based coping strategies)
수치심(shame)

스트레스(stress)
슬픔(sadness)
시나리오(scenarios)
식별하기(identifying)
신념 척도(belief scale)
신념(beliefs)
신뢰(trust)
신체 감각(physical sensations)
신체상(body image)
실망(disappointment)
심리-교육(psycho-education)
심리치료 접근성 개선 프로그램(IAPT, Improved Access to Psychological Therapies)

(ㅇ)
'아니오'라고 말하는 법 배우기('no', learning to say)
아동·청소년 불안장애 선별척도(SCARED-R)
아동·청소년 불안장애 선별척도(SCARED-R, Screen for Child Anxiety Related Emotional Disorders)
안경(glasses)
안정화 기술(relaxation skills)
양가감정(ambivalence)
역기능적(dysfunctional)
역할극(role-play)
외로움(loneliness)
우울(depression)
위기 관리(crisis management)
위험 요인(risk factors)
위험 평가(risk assessment)
의제 설정(agenda-setting)
인생 계획(life plan)
인증서(certificate)
인지 모델(Cognitive Model)
인지 왜곡(cognitive distortions)
인지 행동 치료(CBT, Cognitive Behaviour Therapy)
인지적 재구조화(cognitive restructuring)
인지행동치료의 주요 원칙(central principle of)

(ㅈ)
자기 돌보기(taking care of yourself)
자기 묘사(self-description)
자기 비난(self-blame)

(C)

CBT 소개하기(introducing CBT)

(G)

Greenberger, D.

(L)

Linehan, M.

(M)

Miller, W.R.

(P)

Padesky, C.A.

(R)

reviewing 132
Rollnick, S.
Rosenberg의 자아존중감 척도(Rosenberg Self-esteem Scale)

(Y)

Young Minds

저자 소개

Lucy Taylor
국가·전문 아동 및 청소년 변증법적 행동치료(DBT) 서비스기관, 아동 및 청소년들을 위한 Michael Rutter 상담기관, 사우스 런던·모즐리 NHS 재단병원의 임상심리 상담사이다. 그녀는 BABCP 인증을 받았으며 Surrey에 개인적인 사무실을 가지고 있다.

Mima Simic
아동 및 청소년 섭식장애서비스의 공동책임자이며 아동 및 젊은이들을 위한 Michael Rutter 상담기관의 아동과 청소년을 위한 변증법적 행동치료 서비스의 자문 아동청소년 정신과 의사이다. 그리고 사우스 런던·모즐리 NHS 재단병원의 상담사이다.

Ulrike Schmidt
영국 런던 킹스 칼리지(Kings College)의 정신 의학 연구소 (Institute of Psychiatry)에서 섭식장애학과 교수로 있으며 사우스 런던·모즐리 NHS 재단병원의 섭식 장애부서의 명예 정신과 자문의이다.

역자 소개

이동훈
성균관대학교 교수(교육학과 상담교육 전공),
University of Florida 박사 (Ph.D.)
성균관대학교 카운슬링센터 센터장,
성균관대학교 외상심리건강연구소 소장,
전국학생생활연구소협의회 회장 역임
한국상담학회 대학상담학회 회장 역임
한국상담심리학회 1급, 한국상담학회 수련감독급

자해상담 워크북
청소년 및 대학생을 위한 CBT기반

초판발행	2019년 1월 10일
중판발행	2023년 7월 31일
지은이	Lucy Taylor, Mima Simic, Ulrike Schmidt 공저
옮긴이	이동훈 성균관대학교 외상심리건강연구소
펴낸이	노 현
편 집	김명희·강민정
표지디자인	김연서
제 작	고철민·조영환
펴낸곳	㈜ 피와이메이트
	서울특별시 금천구 가산디지털2로 53, 한라시그마밸리 210호(가산동)
	등록 2014. 2. 12. 제2018-000080호
전 화	02)733-6771
f a x	02)736-4818
e-mail	pys@pybook.co.kr
homepage	www.pybook.co.kr
ISBN	979-11-89005-40-5 93370

* 파본은 구입하신 곳에서 교환해 드립니다. 본서의 무단복제행위를 금합니다.
* 역자와 협의하여 인지첩부를 생략합니다.

정 가   18,000원

박영스토리는 박영사와 함께하는 브랜드입니다.